文系のための
データサイエンスがわかる本

高橋 威知郎 TAKAHASHI ICHIRO

SOGO HOREI PUBLISHING CO., LTD

はじめに

「ＡＩだ！」

「ＩｏＴだ!!」

「ビッグデータだ!!!」


最近ビジネス界隈で聞く叫び声です。経営層や管理層などのエライ人になると、叫ぶ声も変わります。


「我が社はゲーム・チェンジャーになるぞ！」

「よし、デジタルトランスフォーメーションだ！」

「とりあえず、データビジネスで収益拡大だ！」


一体何が起こっているのでしょうか。

はじめに

今、「第4次産業革命」が起こっている、起こりつつあるといわれています。第4次と呼ばれるぐらいですから、過去に3回起こったことになります。「工業革命」とも呼ばれた18世紀半ばからの「第1次産業革命」、トーマス・エジソンに代表される1900年ごろまでの「第2次産業革命」、「デジタル革命」とも呼ばれたインターネットなどが中心的役割を演じた1990年代からの「第3次産業革命」です。そして、AI（人工知能）やIoT（モノのインターネット）、ビッグデータなどによる「第4次産業革命」です。

具体的にどのような産業革命なのか、それはまだ誰も分かりません。なぜならば、今を生きている我々が、自ら創造していくものだからです。

「まずい！　うちの会社、社長はAI化と叫んでいるけど、そもそも全然デジタル化されていない……」

十分なデジタル化への対応がなされていない企業や行政機関、組織は多いかもしれません。例えば、デジタル化すれば楽なのに、「発注書のフォーマットをプリントアウトし、必要事項を手で記入した後に、ＦＡＸで送信する」みたいな業務が、まだ残っている企業もあることでしょう。デジタル化への対応が不十分な中、次の産業革命の波が押し寄せるのですから大変です。

最近、不思議な職種の人財がにわかに注目を集めるようになりました。「データサイエンティスト」（「ＡＩ／機械学習エンジニア」含む）です。データサイエンティストに対し、多くの人は次のように思うかもしれません。

「自分には関係ない！」
「勝手に頑張ってくれ!!」
「ヘンなのが湧いてきたな……」

周囲から見れば「数学に強い人が、コンピュータを使い、データをこねくりまわしている」、そんな感じでしょう。ときには魔法使いかのように期待されたり、ときには

はじめに

変人（ちょっと変わった人）のように敬遠されたりします。

少なくとも20年ぐらい前からこの職業はありました。呼び名は色々ありますが、データを分析したり、システムに組み込む数理モデル（現実世界で起きる諸問題を、コンピュータで効率よく回答を求めるため、方程式など数学的な形で表すもの。異常検知や予測モデル、最適化モデルなど）などを構築したり、そのためのアルゴリズムを研究・開発し、コンピュータプログラムで実装（新たな部品や機能を組み込み使えるようにすること）したりしています。

このようなデータサイエンティストが不足しています。なぜでしょうか。それは、「ＡＩだ！」「ＩｏＴだ!!」「ビッグデータだ!!!」と叫ばれるこの時代に必要不可欠だからです。第４次産業革命が本格化するにつれ、さらに必要になることでしょう。しかし、データサイエンティストだけでは、第４次産業革命の波を乗りこなし、高みを目指すには無理があります。

データサイエンスのビジネス実践で、重要なポイントがあります。それは、「データサイエンティストだけでは何もなしえない」ということです。今も昔も変わりません。

一緒に物事を進める人が必要です。特別な人財ではなく、データサイエンスの理解がある普通のビジネスパーソンが必要なのです。

データサイエンティストだけでも、AIやIoT、ビッグデータなどに対し、何かしら取り組むことはできると思います。しかし、「我が社はゲーム・チェンジャーになるぞ！」「よし、デジタルトランスフォーメーションするぞ！」「とりあえず、データビジネスで収益拡大だ！」というところまで到達するのは至難の業です。

では、どうすればいいのでしょうか。技術力よりもチーム力です。チーム力と言っても、チームプレーではありません。スタンドプレーなチームワークです。

例えば、以下のような人財が必要になります。

□データサイエンティスト（AI／機械学習エンジニア含む）
□データエンジニア
□ドメインをつなぐ、データサイエンスを理解している「ビジネスパーソン」
□社内政治力のある、データサイエンスを理解している「ビジネスパーソン」

はじめに

□社内ＩＴ専門家を仲介する、データサイエンスを理解している「ビジネスパーソン」

来たるＡＩ時代、データサイエンスとは何なのかを理解し、一人のビジネスパーソンとしてデータサイエンスを活用できる人財が求められています。実は、データサイエンティスト以上に不足しているのは、このデータサイエンスを理解し、データサイエンティストと協働するビジネスパーソンなのです。

この書籍は、このようなビジネスパーソン向けに執筆しました。プロのデータサイエンティストではなく、普通のビジネスパーソンです。普通のビジネスパーソンが、ビジネスにおけるデータサイエンスとはどのようなものかを掴み、プロのデータサイエンティストとともに、データサイエンスを実践することで、ビジネスの成果などの素晴らしい何かを得ることができるでしょう。

少なくとも、単なるデジタル化をＡＩ化といってしまうような愚やビジネスの成果を生まないデジタル化のための莫大なＩＴ投資を避けることができるでしょう。

〈Chapter 1〉では、なぜ今データサイエンスが必要なのか、そして、データサイエンスとは何で、データサイエンティストとは何者なのか、データサイエンティスト以外で必要なビジネスパーソンは誰か、などについて話します。
〈Chapter 2〉では、データサイエンスという武器を使うメリットや、その実現手段、データサイエンスで登場する数理モデルなどの話をします。数理モデルに深入りはしません。興味のある方は、専門書を読んでいただければと思います。
〈Chapter 1〉と〈Chapter 2〉は概念的な話が中心ですが、〈Chapter 3〉は個別具体的な話になります。「小さく始め、大きく波及させよう！」というコンセプトの説明をした後に、小さく始めたデータサイエンスのプチ事例の紹介をします。
〈Chapter 4〉は、未来の話になります。私は予言者ではないため、今すでに起こっていることをベースにしたものになっています。明るい未来とともに、気をつけるべき点にも、簡単に言及します。
なお、本文中に数理モデルなど聞き慣れない単語が出てきます。理解の妨げになる場合は、無理をして理解しようとせず読み飛ばしてください。気になる方は、別途調べてみて下さい。

イラスト　高橋威知郎
ブックデザイン　大口太郎
DTP・図表　横内俊彦
校正　黒田なおみ（桜クリエイト）

CONTENTS

CONTENTS

Chapter 3 データサイエンスの始め方とそのプチ事例

CONTENTS

Chapter 4 データサイエンスがつくる未来

Chapter 1

データを制する者がビジネスを制する

1-1 データが鍵を握る時代の到来

データが鍵を握る時代が到来しました。

このような話をすると、例えば、次のような意見が聞こえてきそうです。


「データごときに何ができる！」

「そこまで大袈裟な……」

「本当かよ！」


データサイエンティストが、米国の2019年職業ランキングで1位になりました。

データが鍵を握る時代の表れのひとつです。

企業の評判や給料などをまとめているソーシャル求人情報サイトであるGlassdoor社の「The Best 50 Jobs in America for 2019」によるものです。実は、2016年から今現在（2019年7月）までデータサイエンティストがずっと1位です。他に比べ給料が高いだけでなく、満足度も高いのが特徴です（図1－1－1）。

日本でも、求人が急激に増えているようです（参考：日本経済新聞 電子版「AIに不可欠 データ人材争奪戦　求人、1年で6倍」2018年1月19日）。さらに、社内にデータサイエンティストを教育するプログラムや、社内データサイエンティストのレベル認定制度を作る企業が増えています。

また、ビジネス経験のない新卒データサイエンティストを優遇する企業が増えています。外国の話ではありません。日本でも、他の新卒に比べ1・5倍から2倍の給料を出す企業があります。

そのような中、最近ある企業が注目を浴びるようになりました。GAFA（Google、Amazon、Facebook、Apple）です。いずれも、個人情報をはじめとした様々なデー

図 1-1-1　米国の 2019 年職業ランキング

	職名	平均給与	満足度	求人数
1位	データサイエンティスト	11.0万ドル	4.2/5	4,524
2位	(開発・運用)エンジニア	10.5万ドル	4.0/5	3,369
3位	マーケティング部長	8.5万ドル	4.0/5	6,439
4位	作業療法士	7.4万ドル	4.0/5	11,903
5位	人事マネージャー	8.5万ドル	3.9/5	4,458
6位	電気技師	7.6万ドル	3.9/5	5,839
7位	戦略マネージャー	13.5万ドル	4.2/5	1,195
8位	モバイル開発者	9.0万ドル	4.1 /5	1,809
9位	プロダクトマネージャー	11.3万ドル	3.7 /5	7,531
10位	製造エンジニア	7.2万ドル	4.0 /5	4,241

出典：glassdoor："50 Best Jobs in America for 2019"
(https://www.glassdoor.com/List/Best-Jobs-in-America-LST_KQ0,20.htm)〈2019年7月閲覧〉を一部改編

タを収集し、それを上手く活用した米国の新興企業です。その結果、競争優位な状況を作り出し急成長しました。では、具体的にどのような形で、データが競争力を生み出しているのでしょうか。

身近なところではGoogleの検索連動型広告サービスが分かりやすいです。多くの現代人は、Googleの検索サービスを利用しています。インターネット上で検索することを「ググる」と表現されていることからも分かる通り、Googleの検索サービスはかなり日常的なものになっています。

このGoogleの検索サービスは無料で使えます。これが利用されると、検索行動に関するデータが発生し、蓄積され、そのデータをもとにサービスは日々改良されていきます。

データが発生すればするほど、Googleの検索サービスはより良いものとなり、サービスとしての魅力は向上します。サービスの魅力が向上すれば、より多くの人が使うようになり、「人がたくさん集まる場」になります。

「人がたくさん集まる場」とはこの場合、検索結果（利用者からみたらＰＣやスマホなどのブラウザの画面）のことです。広告を掲載する立場からみれば、非常に魅力的な場です。多くの人が集まっているからです。

インターネット上に広告を出稿したい広告主からみたら、Googleの検索サービスが提供している「人がたくさん集まる場」は非常に魅力的です。その広告出稿料も、他の広告媒体（テレビＣＭや新聞広告など）に比べ、ものすごく安いとなれば、相当魅力的な広告媒体に映ります（１００円ぐらいでも出稿可能）。

この広告サービスを利用すると広告出稿に関するデータが発生し、そのデータをもとにサービスは日々改良されていきます。データが発生すればするほど、Googleの広告サービスはより良いものとなり、サービスとしての魅力は向上します。さらに、現在では広告主に対し色々なアドバイスをＡＩがサポートしてくれます。サービスが向上すればより多くの人が使うようになり、廉価《れんか》な広告出稿料でも、〝塵《ちり》も積もれば山となる〟というように莫大な収益を生んでいます（図１‐１‐２）。

要するに、データが増えれば増えるほどサービスの魅力が高まり、サービスの魅力が高まれば高まるほどデータが増え、このループが回り続けることで収益が拡大しているのです。このようにデータを競争力の向上に活かす経済のことを、「データエコノ

図 1-1-2　Google の検索連動型広告ビジネス（イメージ）

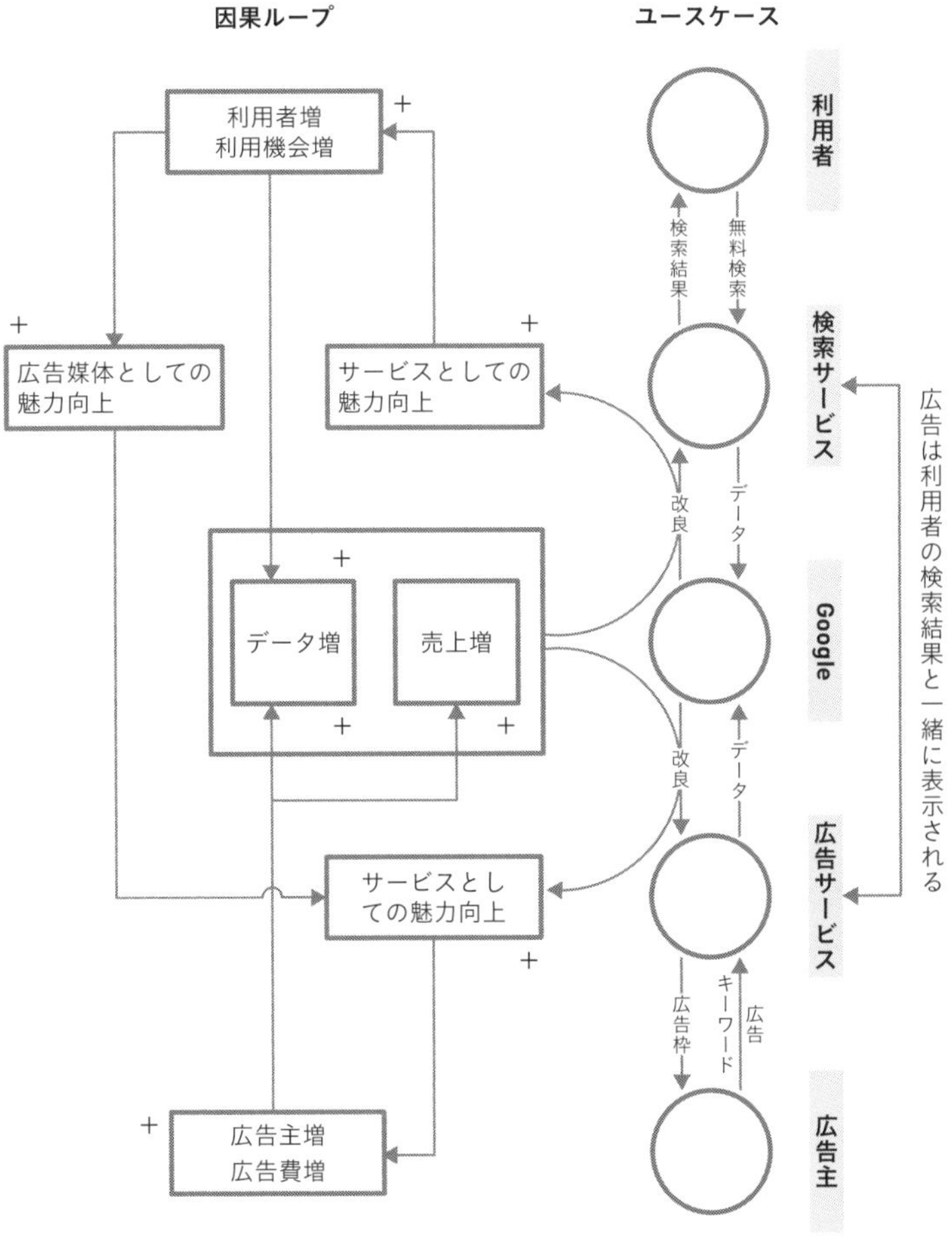

ミー」といいます。データが、ビジネスの成長の大きな鍵のひとつになっています。

このような企業によるデータの寡占状態が生まれつつあります。この寡占状態は、企業間で競争する上で、非常に脅威です。日本では、独占禁止法でデータの寡占状態を規制する検討がされ始めています。EUでは、すでに個人情報保護の規制強化がされています。一方で、データの流通を促進する動きもあります。もし、データに何ら力がなかったら、このように国が規制したり流通を促進したりしようとはしません。

では、今いったい何が起こっているのでしょうか。

少なくとも、データが鍵を握る時代が到来したことは確かです。最近聞く近未来的なキーワードを列挙してみます。

- □**AI**
- □**機械学習**
- □**IoT**

□デジタルトランスフォーメーション（Digital transformation）
□ロボティクス
□X-Tech（Ad-Tech、HR-Tech など）
□自動運転
□MaaS（Mobility as a Service =サービスとしての移動）
□スマート・フォーム
□コネクテッド・インダストリーズ（Connected Industries）
□Society 5.0（超スマート社会）
□第5次産業革命

それぞれのキーワードの意味はさておき、すべてに共通することがあります。それは、「データが鍵を握っている」ということです。

２０１２年ごろからビッグデータという言葉を聞くようになりました。データ量は増加し、その発生スピードはどんどん加速、そしてデータの多様化が進んでいるのです。大量にデータが蓄積されるようになっただけでなく、データが発生し流通するス

図1-1-3　日本のデータ流通量(ブロードバンドサービス契約者の総トラフィック)

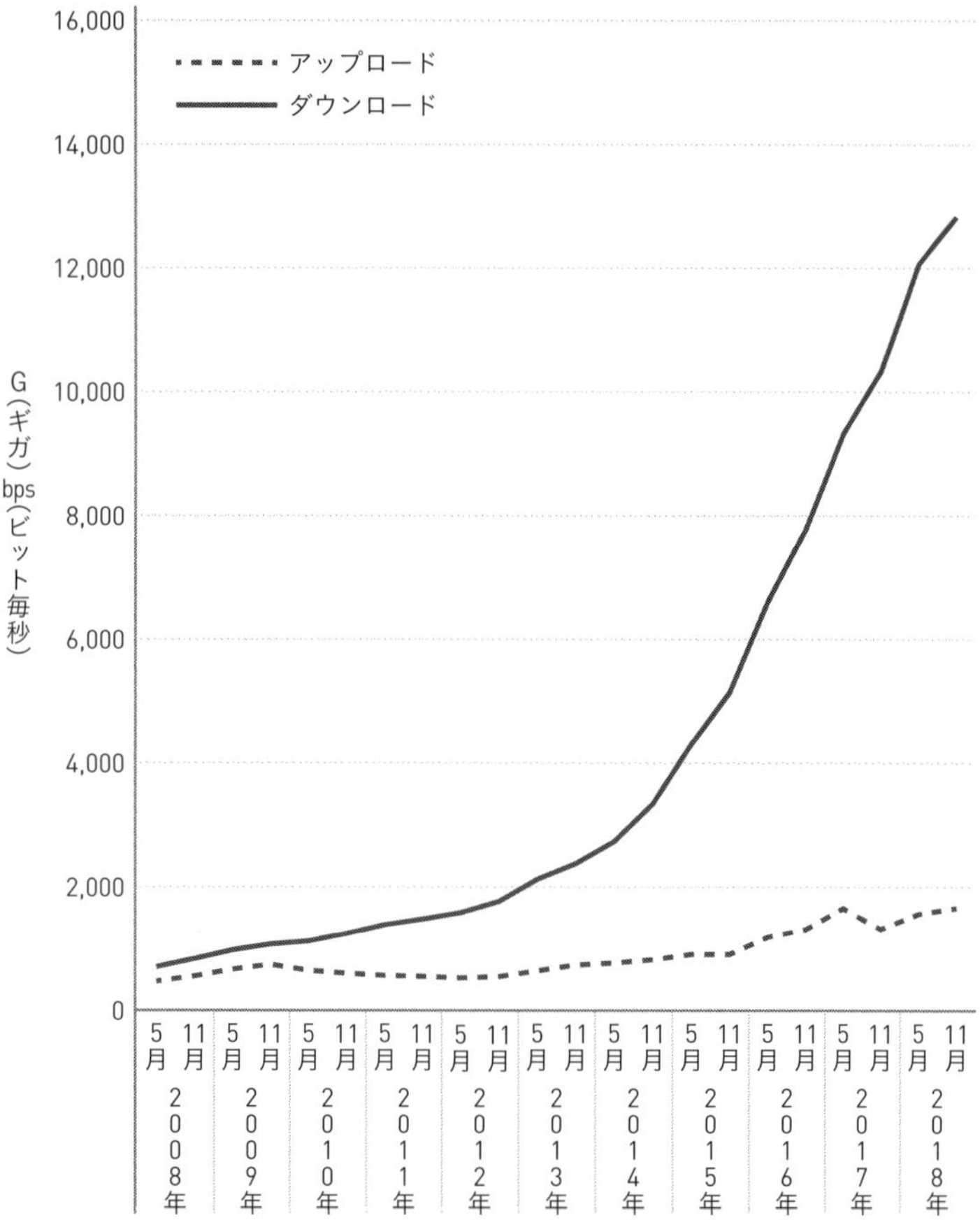

出典：総務省「我が国のインターネットにおけるトラヒックの集計結果(2018年11月時点での集計結果公表)」(http://www.soumu.go.jp/joho_tsusin/eidsystem/market01_05_03.html)を一部改編

ピードが劇的に加速しています（図1－1－3）。

そのデータもエクセルなどでも比較的容易に扱える数値データだけでなく、テキストや画像、音声などそのまま計算処理するには扱いにくいデータも含まれています。多くの人は、データと聞くと「数字の羅列」のイメージがあります。数字の羅列には見えない動画や画像、音声などのアナログなものをコンピュータで扱うにはデジタル化などの処理を経て数字の羅列に変換して扱われます（図1－1－4）。

しかし、このようなデータを発生させただけでは、価値は生まれません。ただデータが溜まるだけです。何かに活用して初めて価値が生まれます。そのため、「データをどのように活用し価値を出すのか」ということを、人が知恵を絞って考えなければなりません。言い換えると、「データの活躍の場」を誰かが考えなければなりません。データが勝手に自分の活躍の場を考え、動き出すことはないからです（図1－1－5）。

図 1-1-4　画像も音も数字の羅列になる

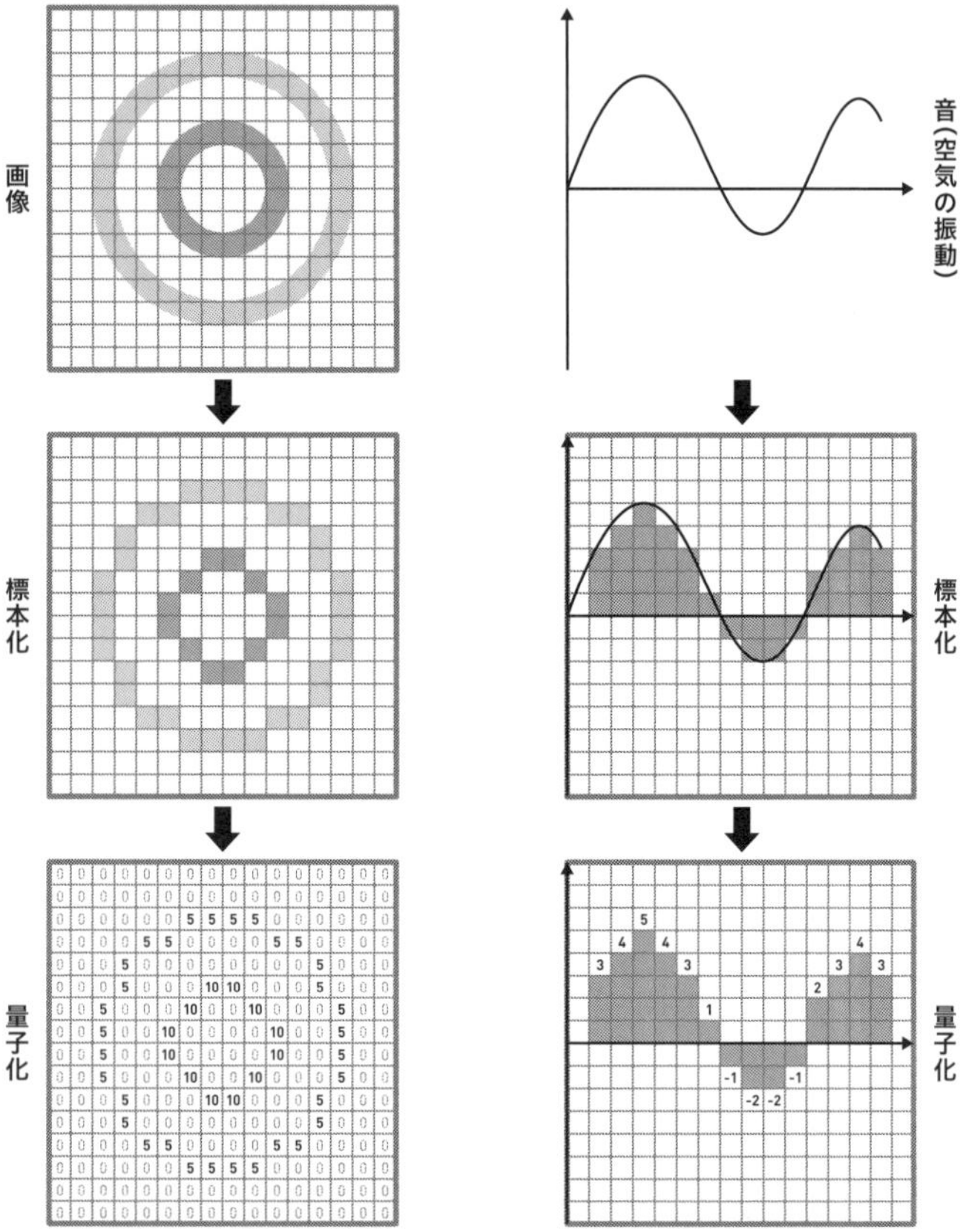

※標本化＝連続信号（アナログ）を離散信号にする処理（例：画像の場合には空間を分解すること）

※量子化＝標本化で得られた離散信号を離散的な値で近似（例：整数値）する処理

図 1-1-5　人がデータに活躍の場を考え与えなければならない

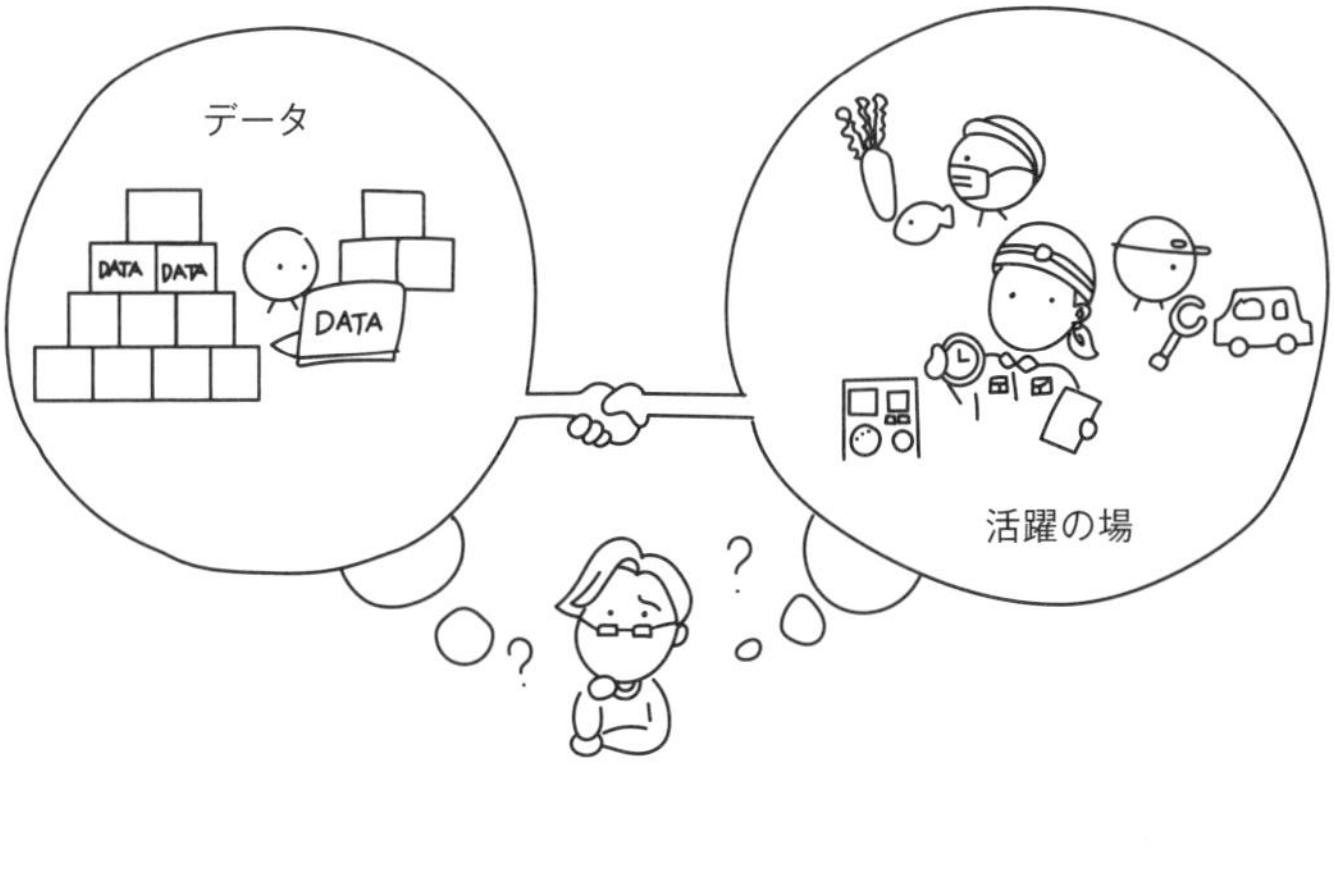

1-2 「データサイエンス」とはデータとビジネスを結ぶ栄光の架け橋

データサイエンスに対し、どのような印象があるでしょうか。

字面からだと、「データ」と「サイエンス」ということで、「データを科学している」かのような印象があるかもしれません。「データから有益な知見を引き出す学問」という人もいます。大学や研究機関などのアカデミアの世界では、それで問題ないかもしれません。しかし、ビジネスの世界ではちょっと異なってきます。応用の側面やビジネスの成果（収益性や利益など）の側面が強くなります。人や立場、分野、状況などによって、データサイエンスの使い方は異なっています。

端的に申し上げます。ビジネスの世界では「データとドメイン（データを活用する領域）を結びつけ成果を出す」のがデータサイエンスになります。もう少し丁寧にいうと、データサイエンスとは「データとドメインを結びつけ成果を生むとき鍵となる要素のひとつで、計算機科学（情報と計算の理論的基礎及びそのコンピュータ上への実装と応用に関する研究）や統計学などを使いデータからドメインにとって有益な知見を引き出し、それをドメインに活用するアプローチ」のことです。

データサイエンスは、「データとドメインを結びつけ成果を出すための必要条件」です。データとドメインを結びつけるとき、データサイエンスだけでは成果は出ません。しかし、データサイエンスがないと成果は生まれません。成果が出ているとき、何かしらのデータサイエンスが効いているはずです。

「データサイエンスが効いている」とは、「データサイエンスの技術を使うことで有益な知見を引き出し、引き出した知見をドメインで応用し、売上アップやコストダウン、利益率アップなどといったビジネスの成果を出している」ということです。つまり、データサイエンスは、「データとドメインを結びつけ成果を出すための必要条件ではあるが十分条件ではない」となります。

そのため「データとドメインを結びつけ成果を出すのがデータサイエンス」という説明は、本来は言いすぎですが、話を単純にするため、この本では「データとドメインを結びつけ成果を出すのがデータサイエンス」というスタンスで話を進めます。

ここまで何度も「ドメイン」というキーワードが出てきました。データサイエンスにおけるドメインとは、「データを活用する領域」のことです。例えば、営業活動やマーケティング活動、調達管理、在庫管理、生産活動などです（図1－2－1）。

さらに、営業活動といっても、製造業の営業活動とサービス業の営業活動が大きく異なれば、それぞれが別のドメインとなります。ドメインという用語は、データサイエンス以外でも使われています。もちろん、別の意味として使われているので注意が必要です。例えば、ドメインは次のような意味で使われています。

□インターネットの世界では、ネットワークにおいて個々のコンピュータを識別する名称を意味します
□生物学の世界では、分類の最高位にドメインというものがあります
□数学の世界では、関数の定義域をドメインといいます
□経営学の世界では、事業領域のことをドメインといいます

図 1-2-1　データサイエンスの「ドメイン」例

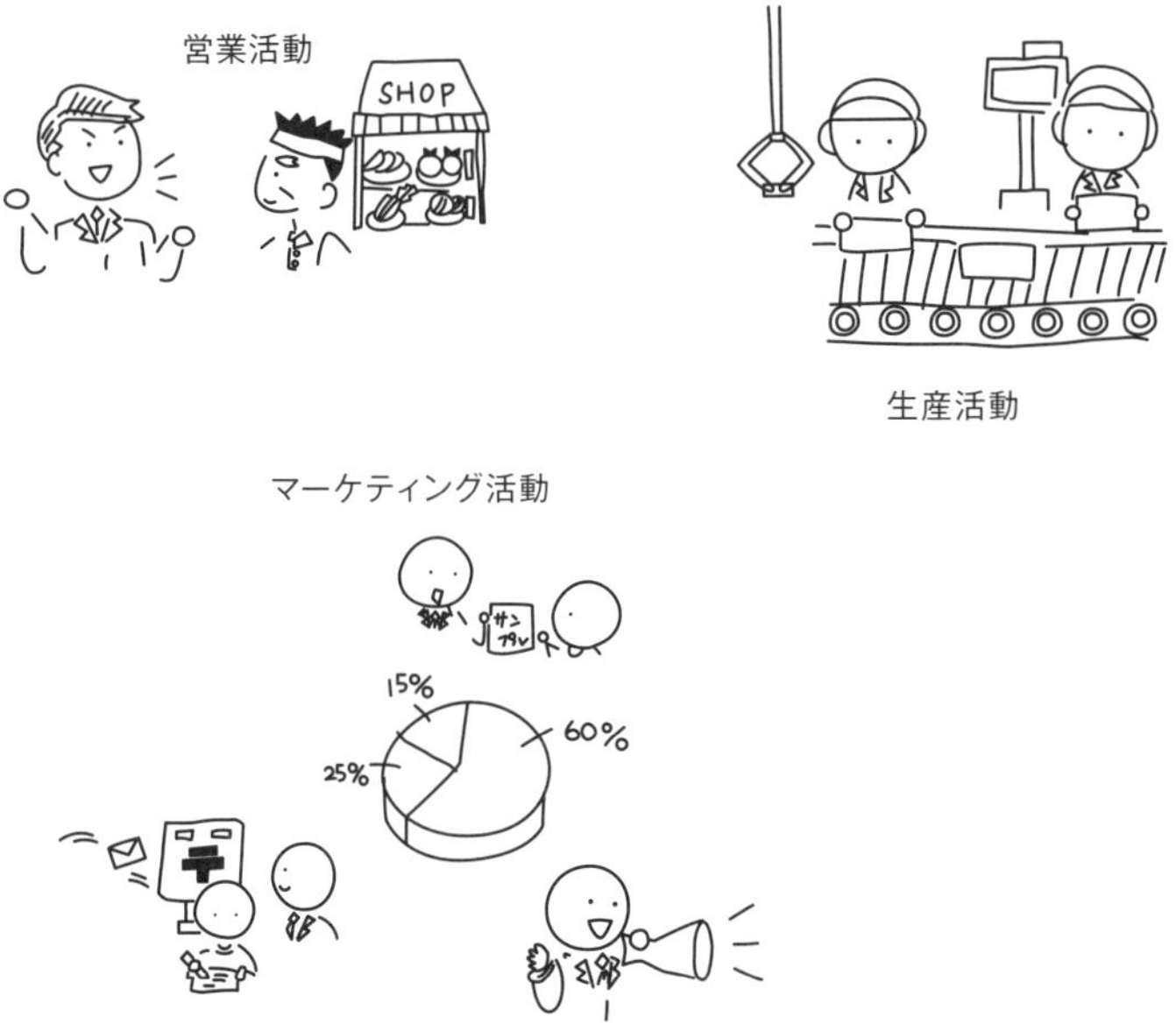

では、データサイエンスのドメインに近いのは、どのドメインでしょうか。経営学のドメインに近い気がします。そのため、よく混同されます。

ＩＴ事業や電子部品事業、検査機事業、自動車部品事業、物流事業、教育事業、介護事業、ヘルスケア事業などといったものは、事業領域（経営学の世界でいうところのドメイン）です。これをデータサイエンスのドメインとするには、もう少し具体化する必要があります。

データサイエンスをやり始めの企業で間違いやすいのが、この事業領域レベルのドメインで、データサイエンスを考えてしまうことです。

例えば、ある製造業の電子部品事業。「電子部品事業でデータサイエンスをしろ！」と言われ、何をすればいいのか思い浮かぶ人は、あまり多くはないでしょう。思い浮かんだとしても、人によって思い浮かぶものがバラバラです。

原材料や部品などの「調達」を思い浮かべる人もいれば、電子部品の「歩留まり（製造数に対する良品の割合）改善」を思い浮かべる人もいます。電子部品の「営業活動」を思い浮かべる人もいれば、「在庫管理」を思い浮かべる人もいます（図１－２－２）。

図 1-2-2 事業領域（ドメイン）では広すぎて思い浮かぶ データサイエンスのドメインがバラバラ

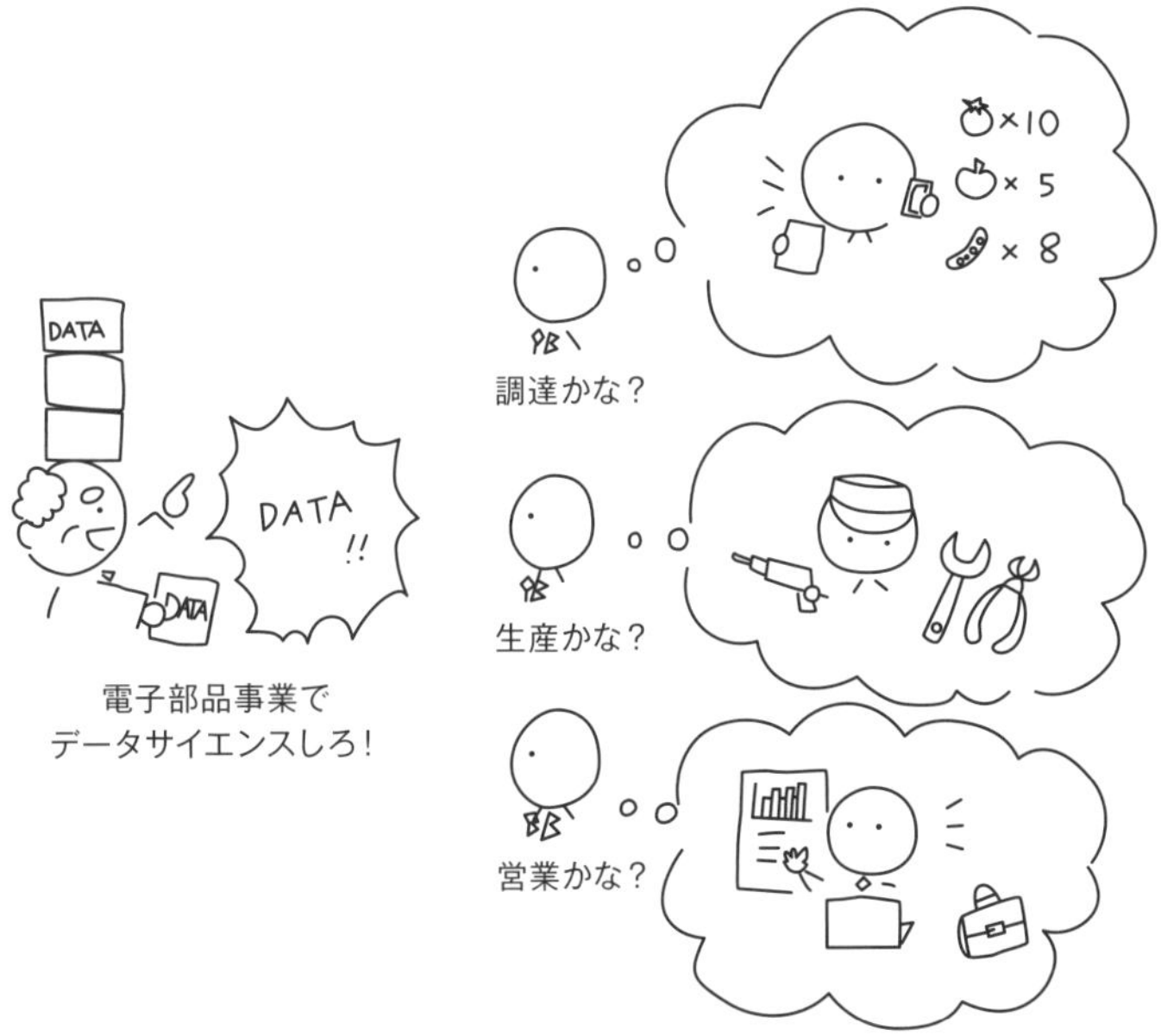

事業領域という意味でのドメインは、データサイエンスのドメインとするには広すぎて、具体性に欠くのです。このあたりのドメインの定義づけを混同すると不幸が訪れます。曖昧で誰も動けないからです。例えば、次のようなケースなら動けます。

□部品Aの生産工程Bの歩留まり改善のためのデータサイエンス
□年間取引金額が大きく、かつ取引年数の長い上客の離脱阻止のためのデータサイエンス
□国をまたいだ拠点間の輸送コスト削減のためのデータサイエンス
□新規顧客獲得の営業活動を効率化するためのデータサイエンス

データサイエンスとは「データとドメインの間に橋を作る」ようなものです。橋ですから、両端がなければなりません（図1－2－3）。例えば、ドメインが曖昧模糊であると、データがいくら溜まっていても橋は作れません。橋の一方の端が具体的にどこなのか分からないからです。そして、データがなくてもデータサイエンスの橋は作れません。橋の一方の端が欠けているからです。

図 1-2-3　データとドメインの間に橋を作るのがデータサイエンス

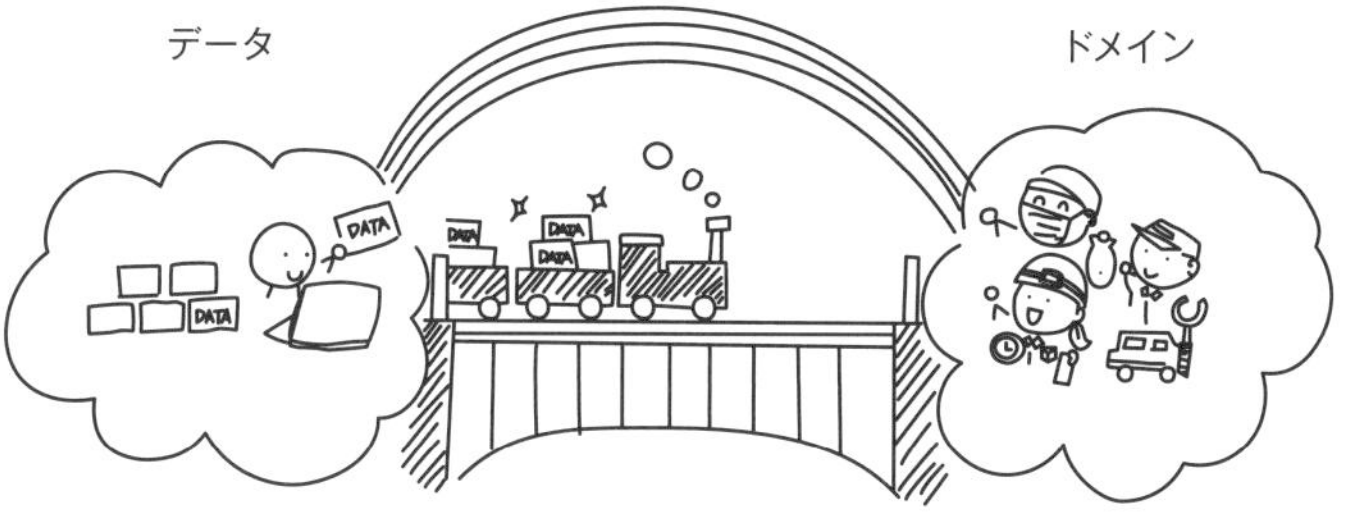

では、データがありドメインも明確であれば良い、というとそうでもありません。データとドメインが揃っていても、データサイエンスの橋を作れない状況が生まれています。例えば、「見える化だ！」「ビッグデータだ!!」「プラットフォームだ!!」という掛け声のもと過剰なＩＴ投資をした結果、十分なビジネスの成果を生み出せていない状況を、よく目にします。データがありドメインも明確であるのにです。

実は、データサイエンスを実践する上での最大のボトルネックは、データでもドメインでもなく、データとドメインをつなぐデータサイエンスの橋を作ることです。なぜならば、データがありドメインも明確であっても、データサイエンスの橋を作れなければ何ら価値を生むことがないからです。

逆に、どのようなデータサイエンスの橋を作れば良いのかが見えると、どのようなデータが必要なのかが分かり、取得すべきデータが見えてきます。さらに、活用時に求められるプラットフォームなどのデータ活用基盤も見えてきます。

1-3 今注目の「データサイエンティスト」という職業

先ほど述べた通り、ビジネスの世界のデータサイエンスとは、「データとドメインを結びつけること」、別のいい方をすると「データとドメインの間に橋を作ること」です。問題は、誰がその橋を考えて作るのかということになります。そのデータサイエンスの橋を考えて作るのが、データサイエンティストです。そのため、データサイエンティストへの期待は、データとドメインを結びつけるニーズが高まれば高まるほど大きくなります（図1－3－1）。

では、データサイエンティストとは一体何者なのか。データサイエンティストの定義と、求められるスキルを説明します。まず、データサイエンティストの定義です。諸説ありますが、データ分析系のソフトウェア開発を行っているSAS社のデータサイエンティストの定義が、一番現実と合致していると感じています。

図 1-3-1　データとドメインの橋を考え作るのがデータサイエンティスト

それによると、「データ・サイエンティストとは、さまざまな意思決定の局面において、データにもとづいて合理的な判断を行えるように意思決定者をサポートする職務またはそれを行う人のこと」と定義しています。要するに、現場（例：営業の現場、生産の現場、経営の現場など）で合理的な判断ができるように、データを使いサポートをする人ということです。

ちなみに、現場にいるのが「人」とは限りません。「人」以外の何かが意思決定することはあります。コンピュータかもしれませんし、最近流行りのＡＩかもしれません。例えば、家庭用のエアコンです。多くのエアコンには、設定した温度に自動で保つような制御機能が搭載されています。このケースで、判断しているのは「人」ではなく「コンピュータ」になります。ＡＩで考えれば、ＡＩが合理的な判断ができるように、データを使いサポートするのがデータサイエンティストになります。

次に、データサイエンティストに求められるスキルです。

一般社団法人データサイエンティスト協会では、次の３点をあげています。

□データサイエンス
□データエンジニアリング
□ビジネス力

データサイエンティスト協会で、「スキルチェックリスト2017年版」が公開されておりますので、興味のある方は確認していただければと思います（図1－3－2）。

要するに、ビジネスの世界のデータサイエンティストとは、「『データサイエンス』『データエンジニアリング』『ビジネス力』といったスキルを使い、データとドメインを結びつけることで、合理的な判断を下せるように現場の意思決定をサポートする職業だ」ということです。

図 1-3-2　データサイエンティスト3つのスキルセット

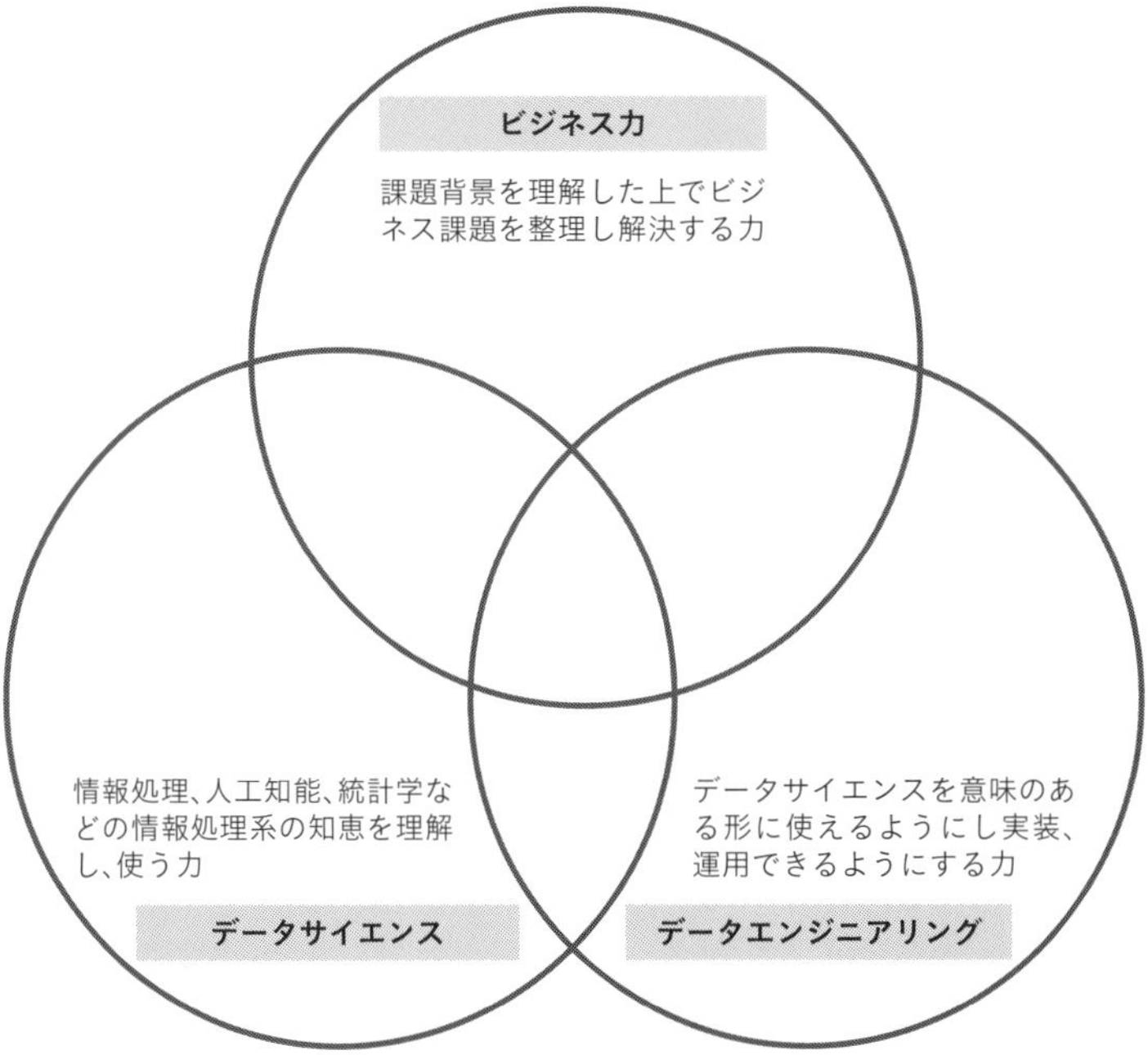

出典：データサイエンティスト協会「プレスリリース（2017年10月25日）」（https://www.slideshare.net/DataScientist_JP/2017-81179087）を一部改編

データサイエンティストにも、幾つかの系統があります。

□データアナリスト系のデータサイエンティスト
□機械学習系のデータサイエンティスト
□BI（ビジネス・インテリジェンス）系のデータサイエンティスト

はっきりと明確に分かれているわけではありません。1人で担うこともありますし、協働することもあります。別の職種として分かれていることもあります。機械学習系のデータサイエンティストの一部は、「AI／機械学習エンジニア」という職種として分かれつつあります。他にもっと色々な系統が存在するかもしれません。今後増える可能性もあります。

1-4 〝最高の相棒〟データエンジニアとデータサイエンティスト

データサイエンティストと同様に、データを取り扱う職業があります。その中で、一番混同されやすいのが、データエンジニアでしょう。

データサイエンスや機械学習などの書籍などを多数出版しているO'Reilly《オライリー》社のサイトに、「Data engineers vs. data scientists（Jesse Anderson）2018/4/11」という記事が掲載されています。非常に分かりやすく、データサイエンティストとデータエンジニアの対比がなされています。

この対比から分かるのは、データサイエンティストは数学的素養と高度な分析スキルが、データエンジニアよりも求められるということです。

一方、データエンジニアは、高度なプログラミングスキルを用いたビッグデータ処理が求められるようです。共通しているのは、プログラミングスキルです。

これは、あくまでもデータサイエンティストとデータエンジニアを対比させた場合に、その違いを明確にするためのもので、求められるスキルは他にもあることでしょう。ちなみに、この記事には「AＩ／機械学習エンジニア」も登場し、データサイエンティストとデータエンジニアの中間に位置づけられています。

世界最大のコンピュータネットワーク機器開発会社であるCisco社のサイトに、「Data Scientist or Data Engineer? Think Rock Star and Roadie（Neeraj Chadha）2016/11/15」という記事が記載されています。データサイエンティストとデータエンジニアの協働関係を記載したものです。

記事では、データサイエンティストはロックスターで、データエンジニアはステージを設置し舞台音響を手掛ける裏方です（図1－4－1）。「データサイエンティスト

図 1-4-1　データサイエンティストとデータエンジニアの協働関係

はデータエンジニアなくしては輝けない」と記載されています。データエンジニアは、収集したデータに対しビッグデータ技術を駆使することで、データサイエンティストが扱いやすいデータに変換し提供します。その提供されたデータを、集計したり、可視化したり、分析したり、予測モデルなどを構築したりすることで、ビジネスにつなげるのがデータサイエンティストです（図1－4－2）。

ところで、データエンジニアはどのくらいの人数が必要なのでしょか。

前出のO'Reilly社のサイトに掲載されている記事「Data engineers vs. data scientists（Neeraj Chandha）2016/11/15」

図 1-4-2　データサイエンティスト×データエンジニア→価値

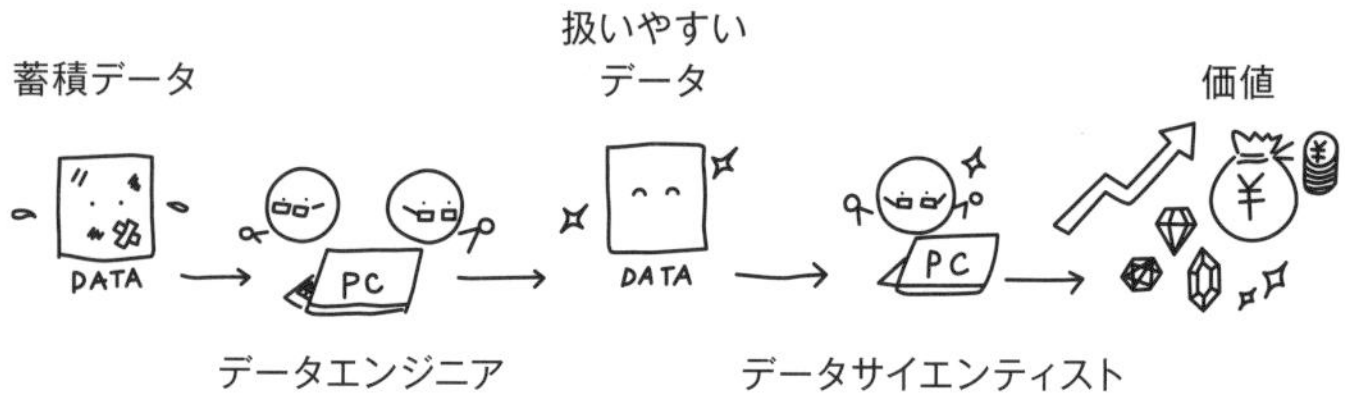

によると、1人のデータサイエンティストを支えるために、複数のデータエンジニアが必要であると、記載されています。

具体的には、スタート時点で「データサイエンティスト1人あたり2〜3人のデータエンジニア」、より複雑なデータ処理が必要な段階になると「データサイエンティスト1人あたり4〜5人のデータエンジニア」が必要ということです（図1－4－3）。

細かい人数はさておき、ビジネスの世界でデータサイエンスで成果を出したいなら、データサイエンティストだけでなく、少なくとも1人以上のデータエンジニアが必要で、通常はデータサイエンテイストよりも多いデータエンジニアが必要です。

「よし、我が社もデジタルトランスフォーメーションだ」

「ビッグデータだ！　データサイエンスだ!!　ＡＩだ!!!」

このような掛け声のもと、データサイエンティストだけを揃えても、上手くいかないことでしょう。データサイエンティストを支える人財がいないからです。

データエンジニアがいない場合、データサイエンティストがデータエンジニアの仕事をやることになります。これは、かなりの業務負担です。

では、データエンジニアさえいればいいのか。

現実は、データエンジニアだけいても上手くいきません。データサイエンティストと協働しデータサイエンスの果実を得るために必要な人財は、データエンジニア以外にもいるのです。

図 1-4-3　複数のデータエンジニアに支えられている

1-5 データサイエンス上、最低限必要な人財

ビジネスの世界でデータサイエンスを実践するには、当然ながらデータサイエンティストは必須です。しかし、データサイエンティストだけで実現するには無理があります。ものすごいデータサイエンティストがいるのならば、もしかしたら可能かもしれませんが、多くの場合は不可能です。

上手くいかないよくあるパターンが、社外からデータサイエンティストだけを集めたり、社内でデータサイエンティストだけを教育するプログラムを作ったり、データサイエンティストだけの組織を作ったりすることです。

最悪なのは、「ぼっちデータサイエンティスト」状態です。周辺に仲間も理解者もいない独りぼっち状態のデータサイエンティストという意味です（図1－5－1）。

「じゃあ、データサイエンティストが複数いればいいのか」となりがちですが、そう

図 1-5-1　ぼっちデータサイエンティスト

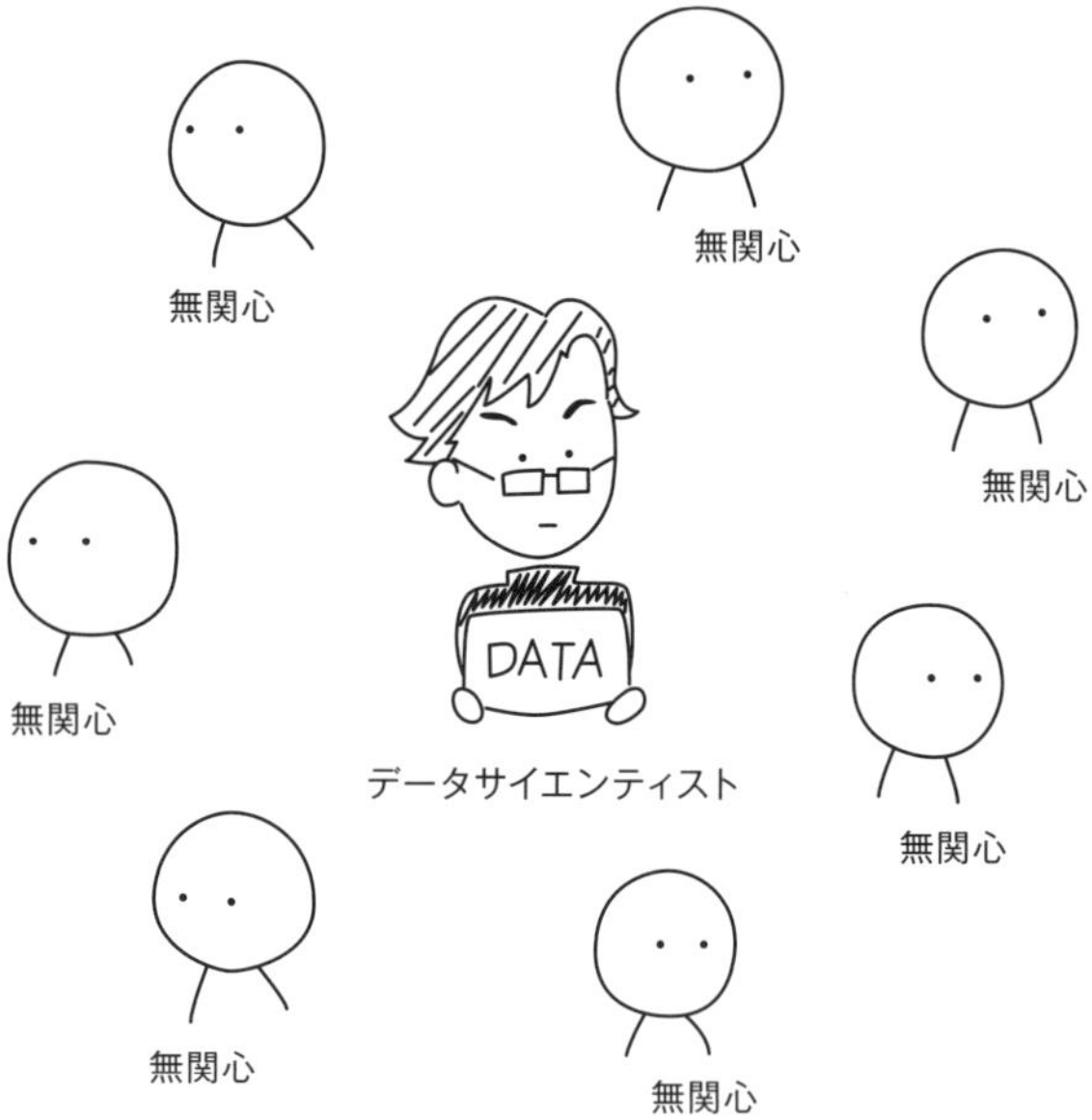

ではありません。組織内で孤立していれば、複数人で「ぼっち状態」になっているだけで、状況は同じです。

では、どのような人財がさらに必要なのでしょうか。データサイエンティストの必須スキルから考えてみます。

データサイエンティストの必須スキルとは、先ほど述べた「データサイエンス」「データエンジニアリング」「ビジネス力」です。この3つのスキルをすべてプロ級に備えているデータサイエンティストは、ほぼ皆無でしょう。

多くのデータサイエンティストは、データサイエンスのスキルが尖っていて、プラスもうひとつ得意な何かがあるぐらいです。例えば、「ビジネス寄りのデータサイエンティスト」と「エンジニア寄りのデータサイエンティスト」といった感じです。

この場合、高度なデータエンジニアリングのスキルを備えたデータエンジニアと、優れたビジネス力を備えたビジネスパーソンが必要になります。

ビジネスの世界では「データとドメインを結びつける」のがデータサイエンスになります。先ほどもお話ししましたが、ドメインとは、データサイエンスを活用する現場のことです。

現場とは、経営の現場かもしれませんし、営業の現場かもしれませんし、生産の現場かもしれません。消費者視点では、お店やＥＣサイトなどの買い物も、購買行動の現場になります。

多くの場合、プロ級のドメイン知識を持った人財は、幸いなことに社内にいます。しかし、プロ級のドメイン知識を持った人が全員、データサイエンスを分かっていたり理解を示したりするわけではありません。そのため、データサイエンティストとプロ級のドメイン知識を持った人との間をつなぐビジネスパーソンが必要になります（図１－５－２）。

このようなビジネスパーソンは、どこにいるのでしょうか。

どこにいるというよりも、社内で育成することになります。多くの場合、そのドメインに属していた人に、データサイエンスの知識などを身に付けてもらうことになります。データサイエンティストそのものを育成するわけではないので、それほど難しいことではないと思います。

図 1-5-2　ドメインをつなぐビジネスパーソンが必要

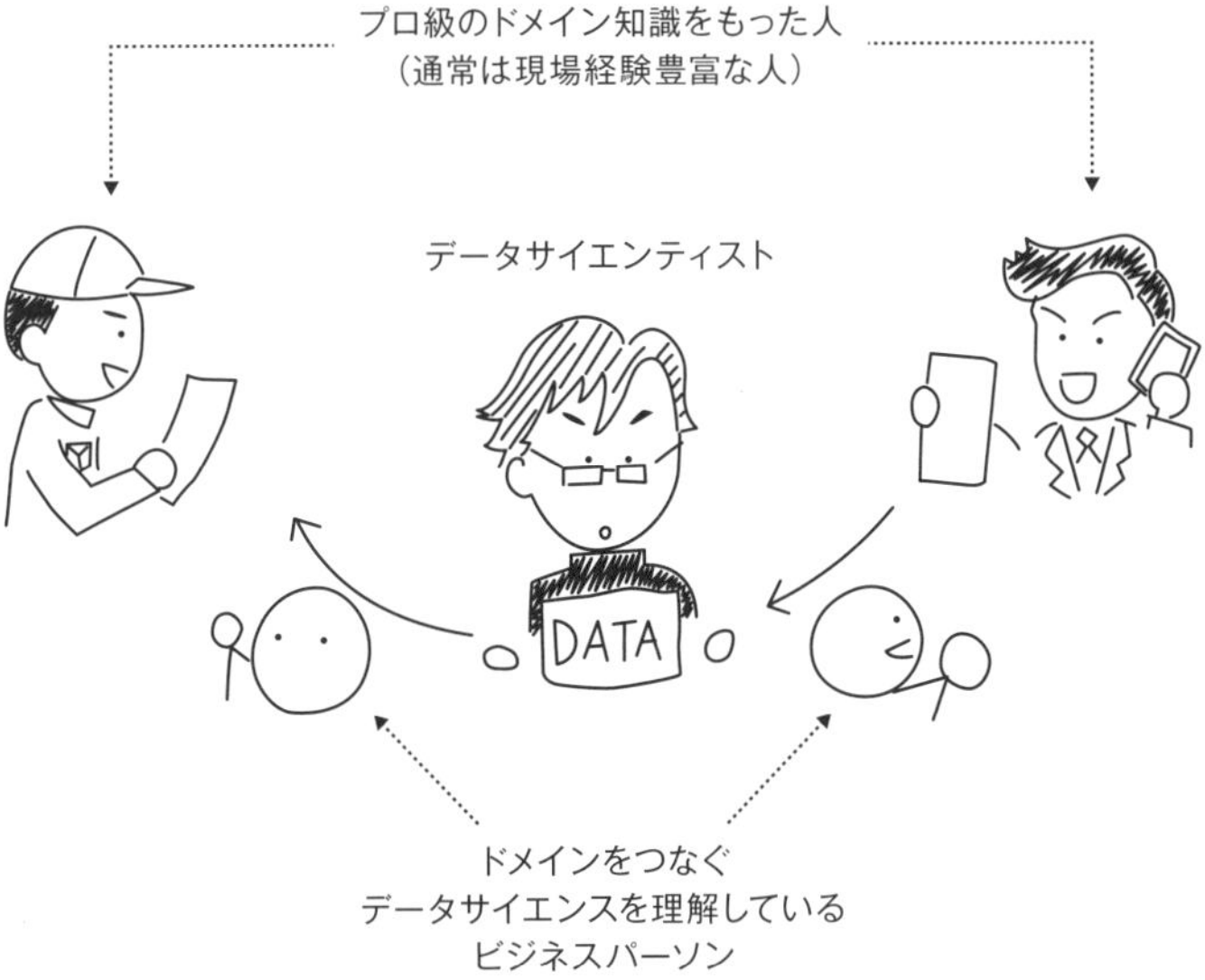

もちろん、人によっては、データサイエンスの知識などを身に付けるだけでなく、データサイエンティストそのものに興味を持ち、結果的にデータサイエンティストになることもあります。

これで人財は十分かといえば、まだ不十分です。「ビジネス力」の部分で、もうひとつ不足しているものがあります。

社内政治力です。日本では、大企業ほど必要かもしれません。経営陣などのトップマネジメント層や、周囲の部署の管理職へ働きかけることの得意なビジネスパーソンが必要になります。「アホらしい」と感じる人もいるかもしれませんが、この「アホらしい」ことを疎《おろそ》かにすると、データサイエンスが上手く進まないことが多々あります（図1－5－3）。

データサイエンスを実現するとき、既存のＩＴシステムやクラウド上に構築した数理モデルなどを実装することがあります。そのため、情報システム部などの社内ＩＴ専門家も必要になります。データサイエンティストが、情報システム部などの出身者

図 1-5-3　社内政治力のあるビジネスパーソンが必要

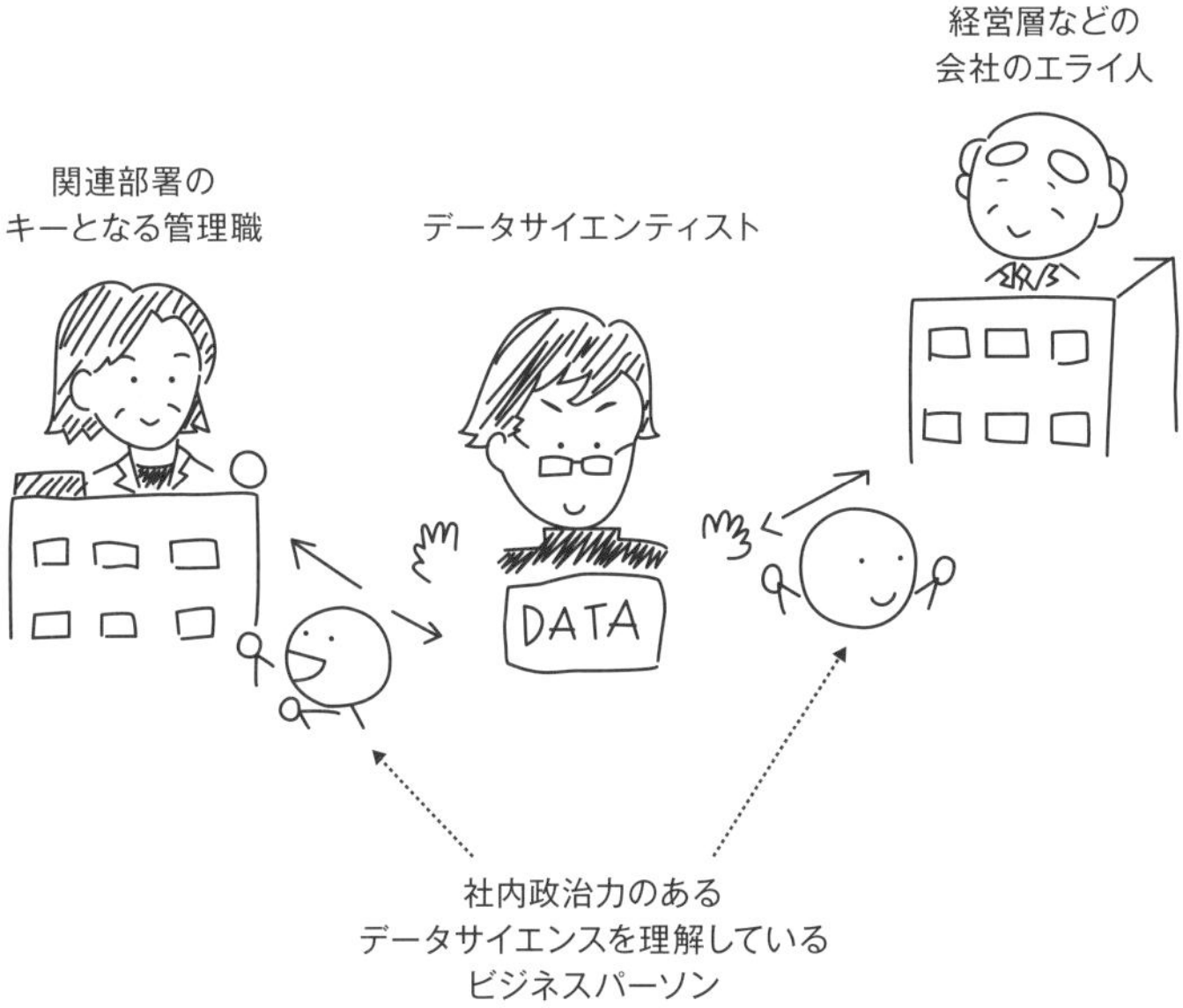

ではない場合には、その間をつなぐビジネスパーソンが必要になります。

以上をまとめると、データサイエンスを行う上で、最低限必要な人財は以下のようになります（図1－5－4）。

●データサイエンティスト
●データエンジニア
●ドメインをつなぐ、データサイエンスを理解している「ビジネスパーソン」
●社内政治力のある、データサイエンスを理解している「ビジネスパーソン」
●社内ＩＴ専門家とつなぐデータサイエンスを理解している「ビジネスパーソン」

各人財1名ずつというわけではありません。

通常は、データサイエンティストよりもデータエンジニアは多いですし、ドメインが複数あれば、それだけ多くの「ドメインをつなぐ、データサイエンスを理解しているビジネスパーソン」が必要になります。

さらに、人によっては複数の役割を担う人もいることでしょう。

図 1-5-4　データサイエンスを理解する「ビジネスパーソン」が多く必要

他にも必要な人財はいるかもしれませんが、少なくとも以上の5つの人財が必須です。そのため、データサイエンティストを集めたり育成したりすることと同じぐらい、その周辺の人財を集め育成することが求められます。データサイエンティスト教育というよりも、データリテラシー教育といった感じです。

Chapter 2

データサイエンスという武器

2-1 データサイエンスの効果・効能

データサイエンスと聞くと、ものすごいミラクルを起こす何かであると、勘違いする人も少なくありません。例えば、今まで気づいていない大発見があるとか、できていなかったことができるようになるとか、成長戦略の要になりうるとかです。

その期待が最近では、デジタルトランスフォーメーションやデジタルマニュファクチャリング、データエコノミー、ゲーム・チェンジャーなどの耳障りのいい、夢のあるワードに表れています。それは、天才軍師や兵法家がものすごいミラクルを何か起こすと思うぐらいにです。しかし、データサイエンスは魔法の杖ではありませんし、データサイエンティストは魔法使いではありません（図2－1－1）。

図 2-1-1　ものすごいミラクルは起こせるのか？

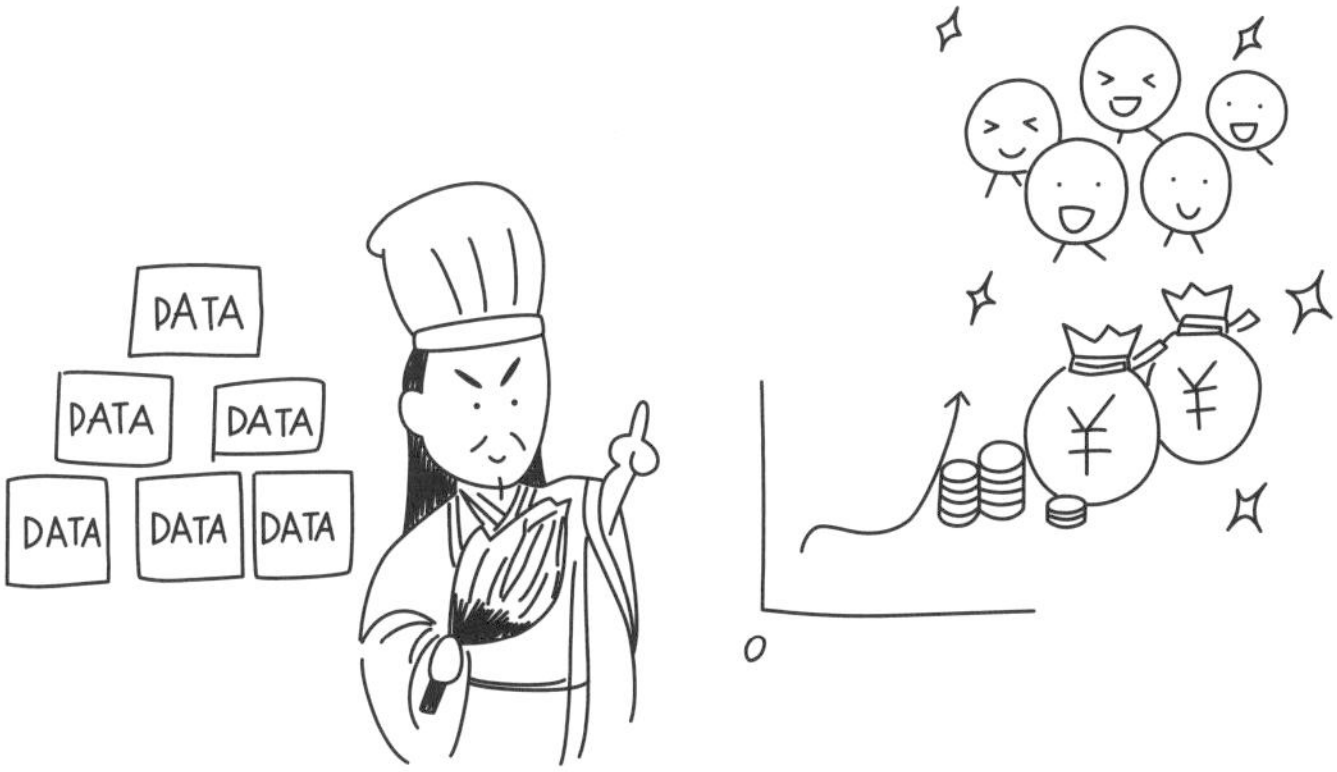

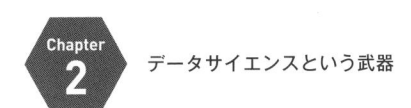

図 2-1-2　ミラクルというよりも手堅く地味

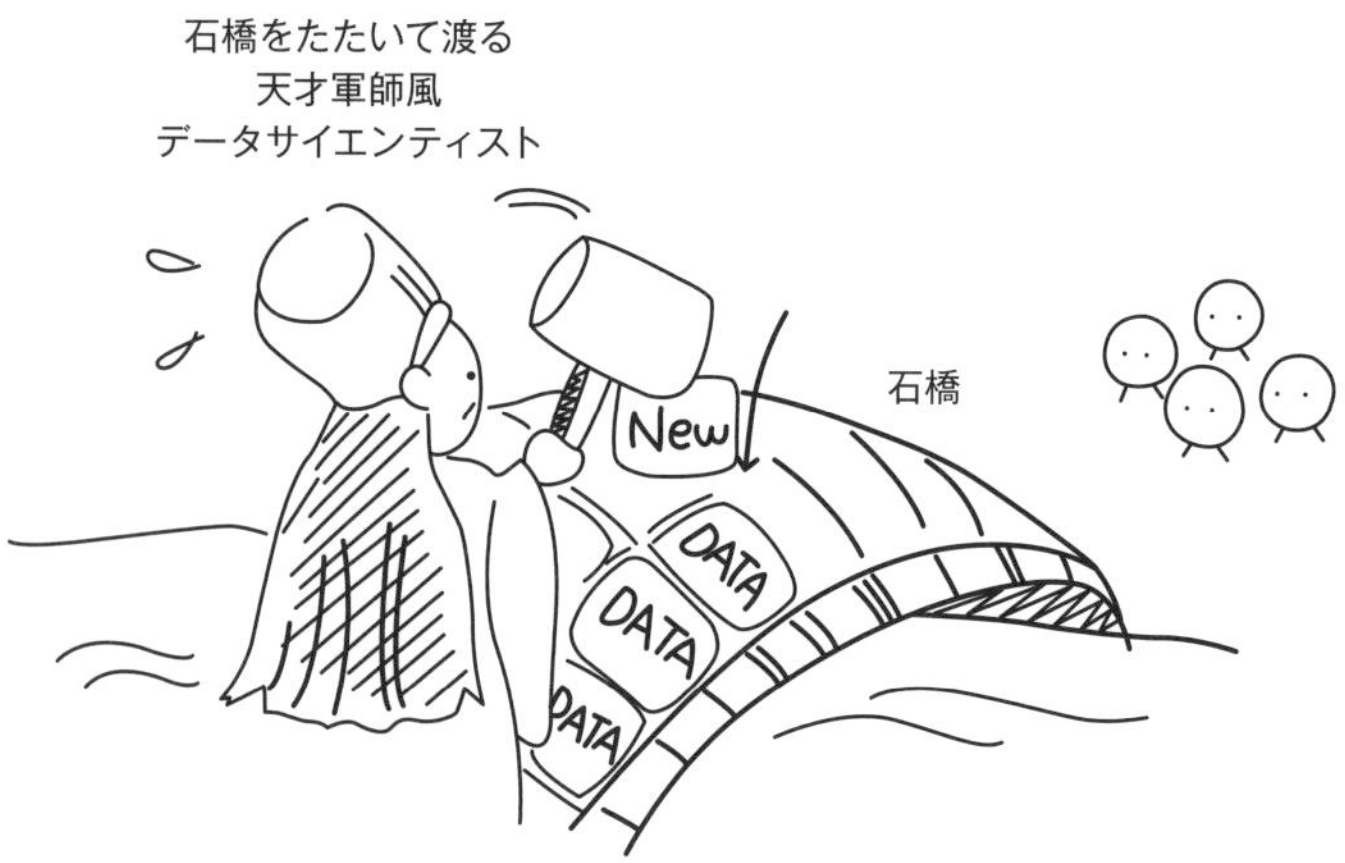

例えば、世界的な兵法書である『孫子』。紀元前の中国・春秋時代の武将である孫武《そんぶ》によるものです。その『孫子』に、ミラクルを起こす方法が書かれているでしょうか。そして、『孫子』の兵法を応用することで、ミラクルを起こせるでしょうか。

読んでみると分かりますが、ミラクルというよりも「手堅く地味」な感じで、ミラクルとは対極にある感じさえします。情報をもとに、石橋をたたいて渡るかのようです（図2－1－2）。

データはある種の情報です。

私はデータを「記録された情報である」と、よく説明しています。データを情報と捉えると、その活用の歴史は紀元前までさかのぼれます。情報をもとに合理的な判断を行うことを説いている『孫子』は、データ活用を考える上で、非常に有効な知恵を授けてくれます。『孫子』は、データサイエンスを実践する上で、必読の書のひとつです。

なぜならば、データサイエンス実践の要諦が、この中ですでに多く語られているからです。私は、そう感じています。もちろん、『孫子』を超えた何かが、世の中にある

図2-1-3　0 → 1 → 10

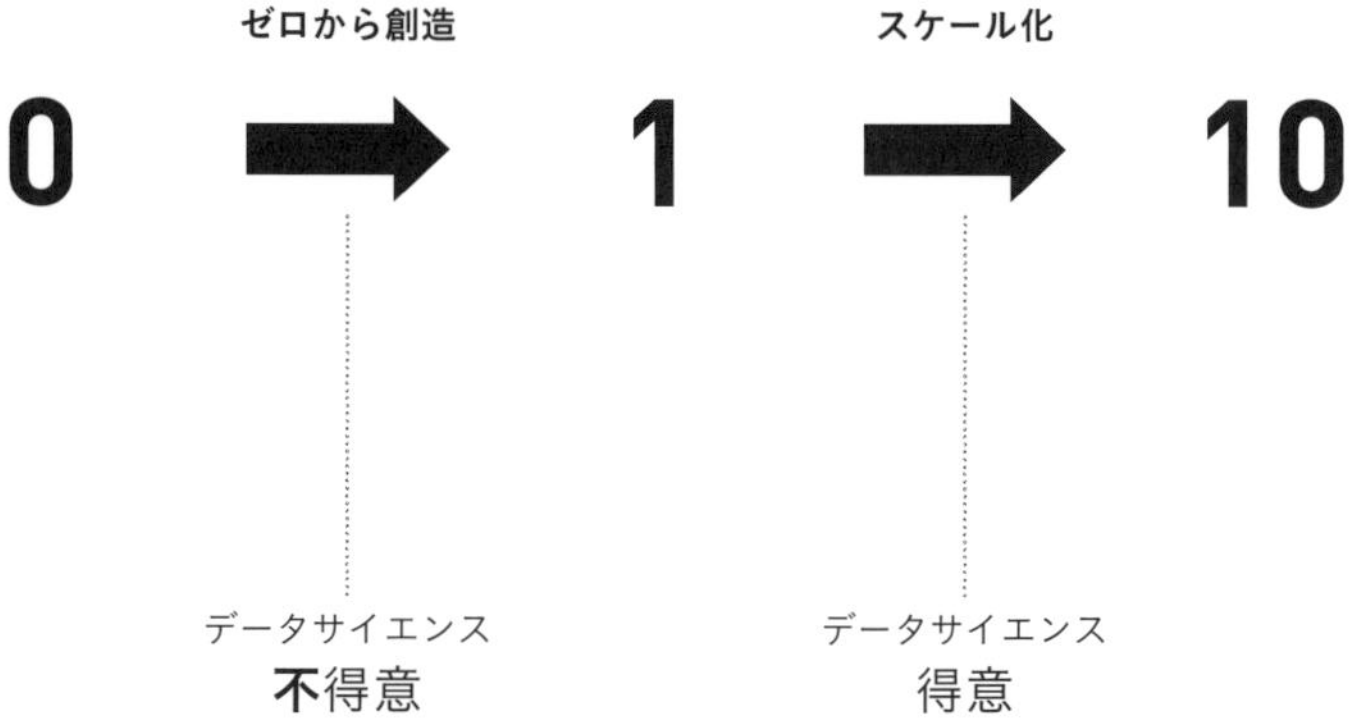

※スケール化＝事業規模や利益などを拡大すること

かもしれないことは否定しません。
要するに、データサイエンスは石橋をたたいて渡るかのような、手堅く地味なものなのです。

このようなデータサイエンスには、得手・不得手があります。
ビジネスの世界で、何もないところから新たなものを創造する「0→1」と、すでにあるものを拡大する「1→10」、2つの考え方があると思います。データサイエンスが得意なのはどちらでしょうか。データサイエンスが得意なのは、「1→10」の方です。すでに何かあるものを効率化したり、拡大化したりするのに非常に向いています（図2－1－3）。手堅く地味に確実に、そして何よりもスピーディーにです。

なぜでしょうか。データサイエンスはデータがあることが前提です。「0→1」に比べ、「1→10」の段階の方が多くのデータが発生している可能性があるからです。もちろん、「データが蓄積され続けている」という前提が付きます。恐ろしいことに、発生したデータを蓄積せず破棄したり、データを上書きして過去データを消失したりする企業が、いまだに少なくありません。もったいないことです。

データさえあれば、無駄を省き効率化したり、新たな売上げを獲得したり、リスクをコントロールして安定させることができるのです。後は、そのスピードや精度を高めるために、その都度発生するデータを使い、コアとなる数理モデルを機械学習させ成長させればいいのです（図２－１－４）。

一方で、「０→１」の段階で得られるデータはそれほど多くありません。厳密には「０」の状態のときにデータはありません。何もない「無の状態」からデータは発生しないからです。

したがって、データだけを使って、何もないところから新たなものを創造する「０→１」を実現することは、今現在では私は不可能だと考えます。将来シンギュラリティ（技術的特異点＝ＡＩが人類の知能を超える転換点またはそれがもたらす世界の変化）が起こり、人に頼らず「０→１」を生み出すＡＩが生み出されるかもしれません。今現在ありうるのは、「データと人の発想力とのコラボレーション」です。その場合も、人に依存する要素が非常に大きいと思います（図２－１－５）。

図2-1-4　1 → 10をサポートするデータサイエンス

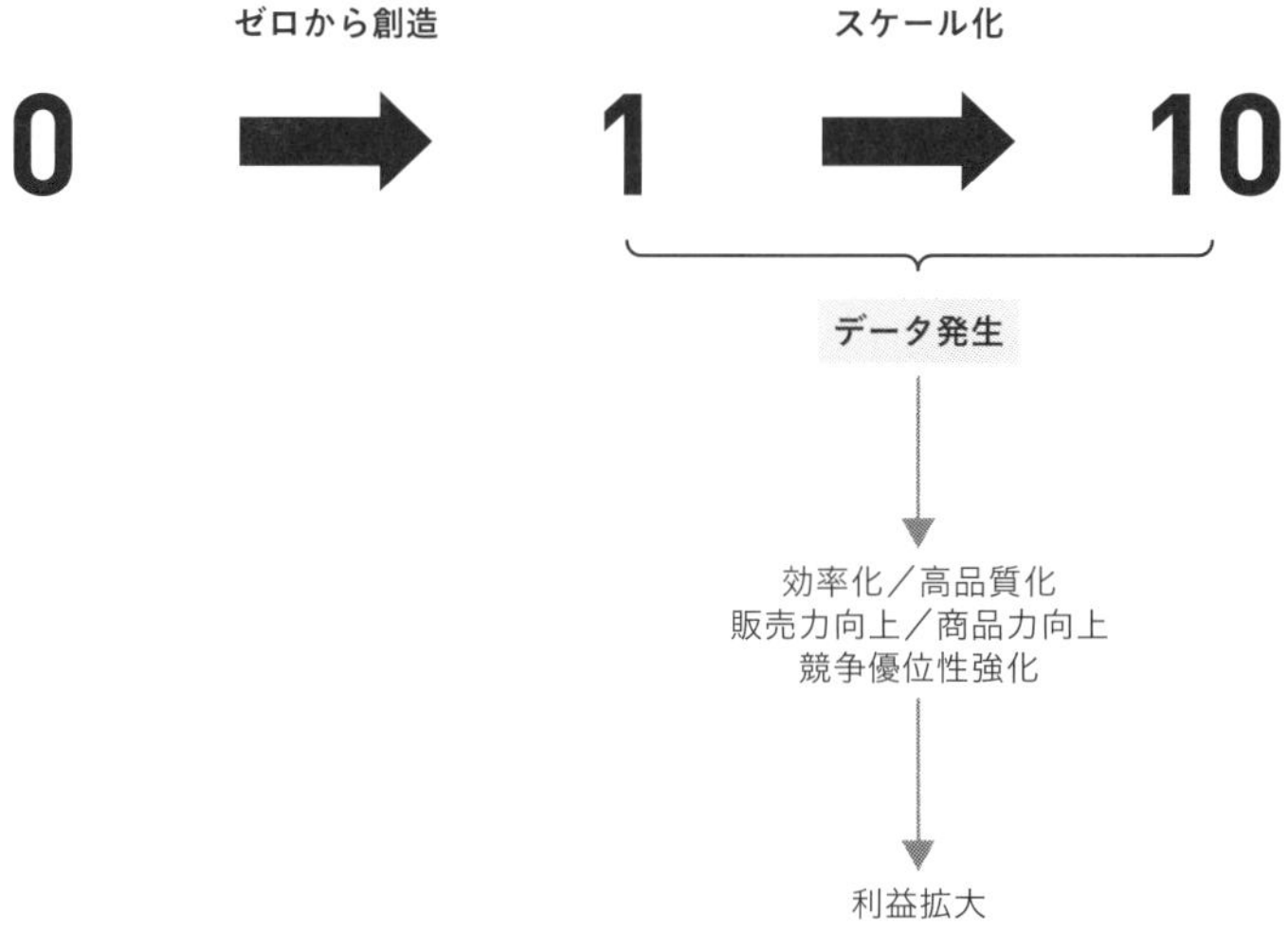

図 2-1-5　データと発想のコラボレーション

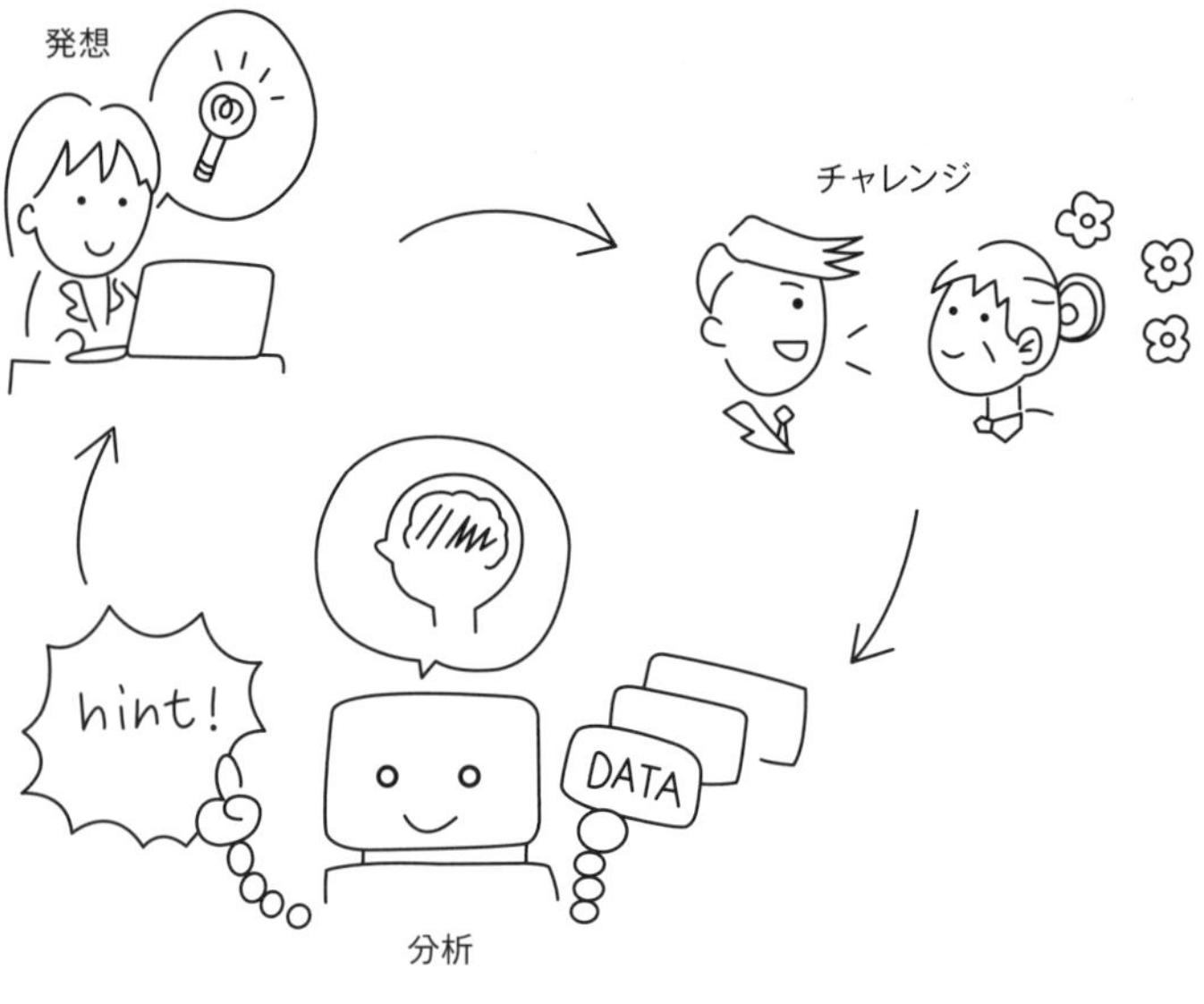

例えば、GAFAがデータを上手く使い成長し続けているとよくいわれます。しかし、それだけで成長しているわけではないでしょう。「0→1」段階時の、ビジネスアイデアやそこに至るまでの発想などは、人に依存する部分の方が大きかったことでしょう。つまり、「データがないと何もできないのがデータサイエンス」だということです。

このことは、例えばAmazonのECサイトのレコメンド結果（「この商品をチェックした人はこんな商品もチェックしています」や「この商品を買った人はこんな商品も買っています」など）を見ていると分かりやすいです。

発売されたばかりの新商品のページを見ていても、他の商品はあまりレコメンドされません。発売されてしばらくすると購買データなどが蓄積されたことによって、色々な商品がレコメンドされます。このことから分かる通り、データが溜まると効率化したり収益を拡大したり、何かしら役立つのがデータサイエンスなのです。

このとき、ハッピートルネード（顧客・経営者・従業員すべてが幸せな状態）を作れるかどうかが、ひとつの大きな鍵になります。

レコメンドの精度が高まれば高まるほど、ＥＣサイトの利用者も事業者であるAmazonもハッピーになります。利用者にとって、意味不明なものをレコメンドされるよりも、気の利いたもののレコメンドの方がハッピーでしょう。ハッピーになれば、利用者は再度利用することでしょう。再度利用すればするほど、利用者個人のデータが発生し、さらにレコメンド精度が高くなります。そして、どんどん収益が拡大されていきます。

これが、ハッピーと収益拡大のトルネードの一例です（図２－１－６）。

したがって、「『1→10』の段階で、データサイエンスを大いに活用しましょう」となります。しかし、ある問題が起こります。どの「1→10」を選ぶのか、というデータサイエンスの「テーマ選び」の問題です。筋の悪いテーマを選んでしまうと、浮かばれません。苦ばかり多く、得るものが少ないからです。

図 2-1-6 データサイエンスで「ハッピーと収益拡大のトルネード」が加速する

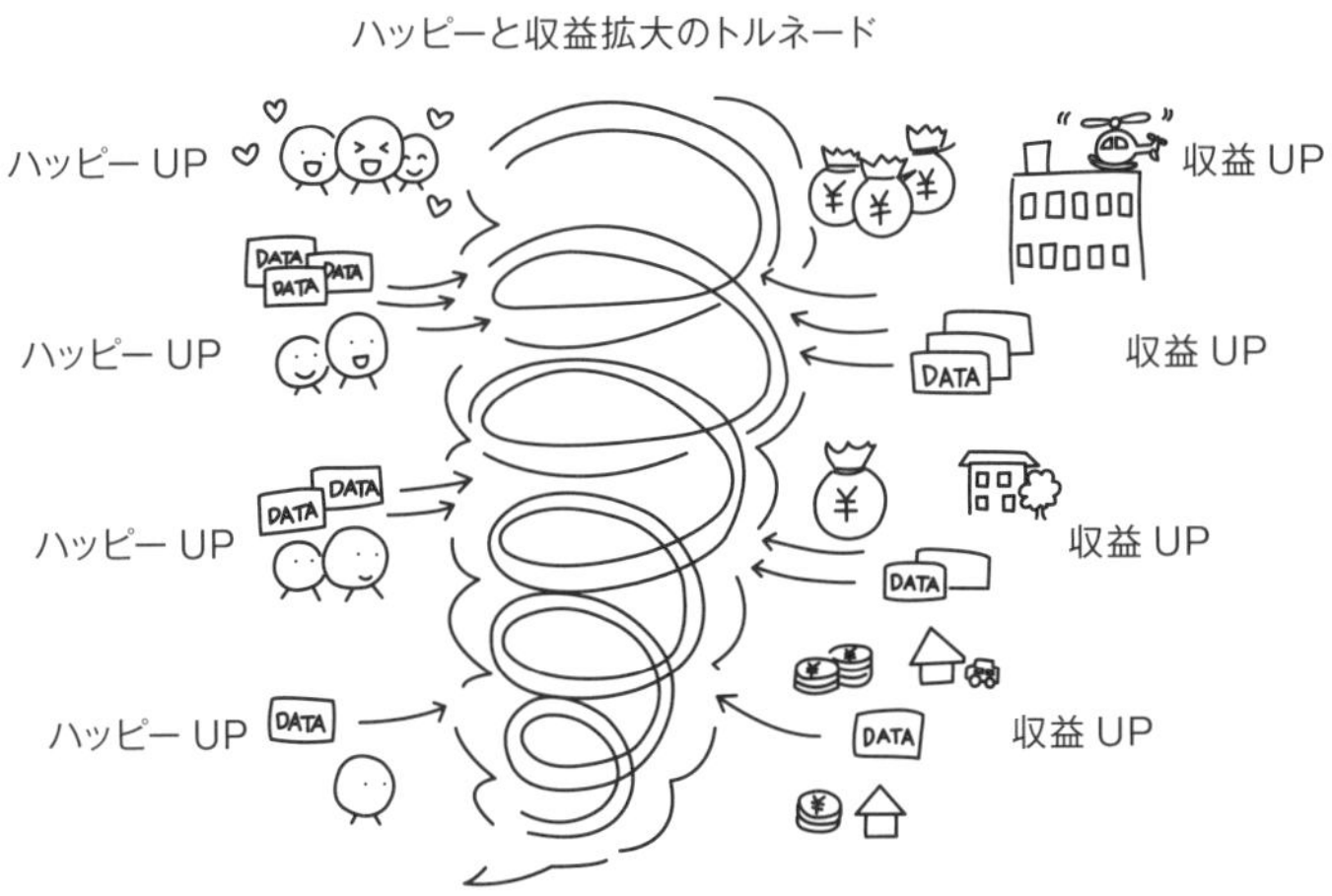

2-2 データサイエンスを構想化する

データサイエンスには「目的を明確にすること」が大事だとよくいわれます。データサイエンスに限らず、仕事全般でいわれることでしょう。しかし、目的を明確にしてもデータサイエンスで失敗することは多々あります。

ここでいう成功とは、現場で活用され何かしらの成果（例：売上アップやコストカット、利益率改善、歩留まり改善、サイクルタイム短縮化など）を生むことです。

では、なぜ目的を明確にしても、データサイエンスで失敗することがあるのでしょうか。よく「勝ちには偶然の勝ちがあり、負けには偶然の負けはない」といわれます。江戸時代の剣豪である松浦静山《まつらせいざん》（平戸藩主／1760～1841）の著書『剣談』に書かれている言葉です（図2－2－1）。

図 2-2-1　データサイエンスも偶然上手くいくことはある

データサイエンスが上手く機能しないとき
多くの場合「活用ストーリーが明確ではない」

このことは、データサイエンスにもあてはまります。

失敗するときには、ある共通点があります。

その共通点とは、「活用ストーリーが明確ではない」というものです。私の経験上、目的が明確でも、活用ストーリーが明確ではないケースの多くは上手くいきません。

例えば、顧客の離脱分析（チャーン分析）です。

既存顧客との取引継続のためのデータ分析です。よく離脱スコア（チャーンスコア）を算出し、現場に渡したりします。離脱スコアが高い既存顧客ほど離脱しやすく、対策を打たなければなりません。

「活用目的が明確だから、現場にこの離脱スコアを、とりあえず渡せばいいだろう！」と考えがちです。しかし、どのように離脱スコアを活用したらいいのかも提示しないと使ってもらえません。離脱スコアを提供する方法やタイミング、付帯情報など、活用してもらう上で考えるべきことがたくさんあります（図2－2－2）。

図 2-2-2 活用ストーリーが明確ではないと現場は困惑する

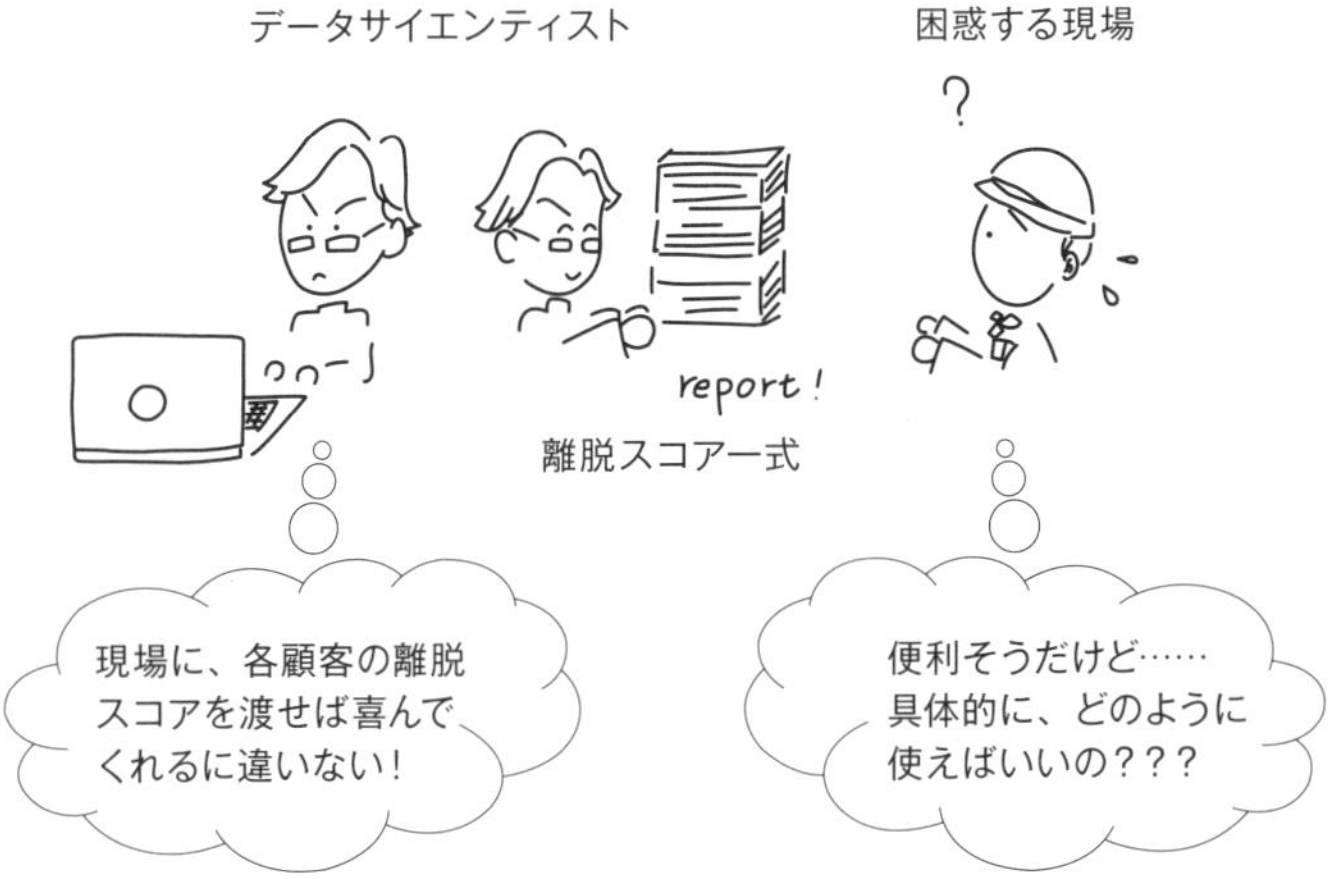

実は、活用ストーリーがないと「どのような情報を現場に提供すればいいのか」、そのために「どのようなデータ分析や数理モデルを構築したりすればいいのか」、そして「どのようなデータがなければならないのか」が分かりません。活用ストーリーがあれば、そのようなことが明確に見えてきます。

活用ストーリーがない状況でデータサイエンス実践を推し進めると、想像力だけでデータ分析や数理モデル構築をすることになります。活用するかどうかは現場次第、といった感じです。データサイエンスの成否が人任せになってしまいます。

確実な成果を手にしたいなら、活用ストーリーを必ず明確にしておく必要があります。当然ながら、現場へのヒアリングやディスカッションは必須です。

データサイエンス実践を上手く推し進めたいのなら、まずデータサイエンスの「活用目的」を明確にし、次に目的を達成するための「活用ストーリー」を固め、そして「分析ストーリー」（データ分析やモデル構築など）を作るといった流れで、データサイエンスを構想化するといいでしょう（図2－2－3）。

図 2-2-3　データサイエンス構想化の手順

ところで、「活用ストーリー」とはどのようなものでしょうか。

活用ストーリーを、人によって「ユースケース」といったり、「業務プロセス」といったり、「行動プロセス」といったりします。すべて正解です。一番作りやすいのがユースケースでしょう。しかし、いきなり詳細なものを描くのは難しいので、最初はざっくりしたユースケースから描くといいでしょう。

例えば、次のような感じです（図2-2-4）。

真ん中にデータや情報などが集まるプラットフォームやデータそのもの、左にデータや情報などを提供する側（データサイエンティストなど）、右にデータや情報などを活用する側を配置します。よくあるユースケースです。ちなみに、左右は逆でも問題ありませんし、位置関係は横ではなく縦でも斜めでも問題ありません。

このざっくりとしたユースケースを描くとき、併せて次のようなことを明確にするといいでしょう。

図 2-2-4　よくあるざっくりしたユースケース

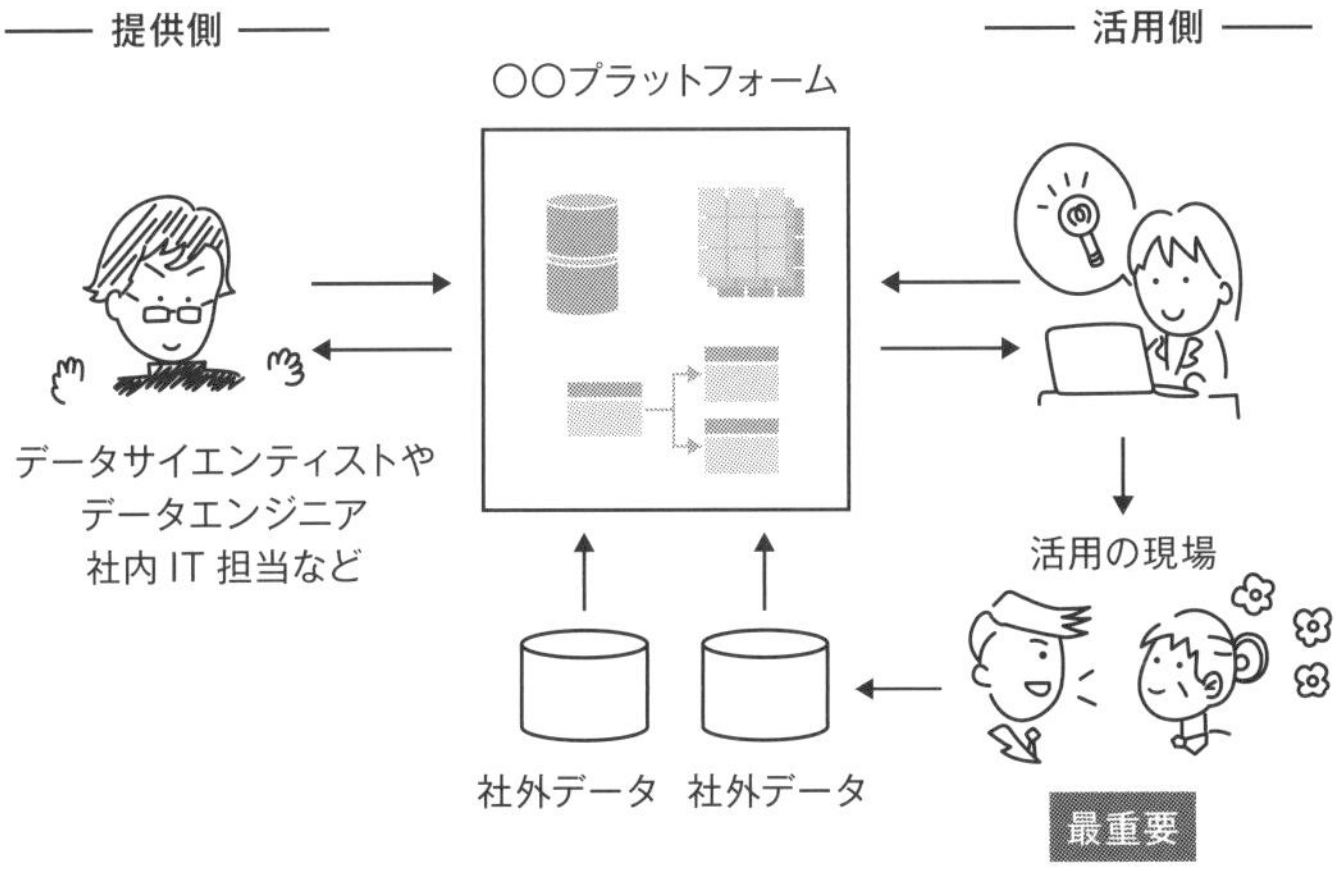

□登場するプレーヤー
□プレーヤー間でやり取りする情報
□やり取りする手段
□そのタイミング
□プレーヤーの動き（業務プロセス、最初は簡易なもので十分）

活用ストーリー上、最重要なのが「『プレーヤーの動き』がどのように変化するのか？」を明確にすることです。一言でいうと「Before（As-Is）とAfter（To-Be）」です。「今はこう（As-Is＝現状の姿）だけど、データサイエンスを実践することでこう（To-Be＝目指す姿）なる」を明確にするということです（図2－2－5）。

そうしないと、現場は「現状と何がどう異なり、どう変えればいいのか」が分かりません。あまり良くないのは、「データサイエンスによってこう（To-Be＝目指す姿）なる」だけを押しつけることです。

まずは、このレベルのものをたくさん作るといいでしょう。その中で、「これだ！」

図 2-2-5　現場の動きはどのように変化するのか？

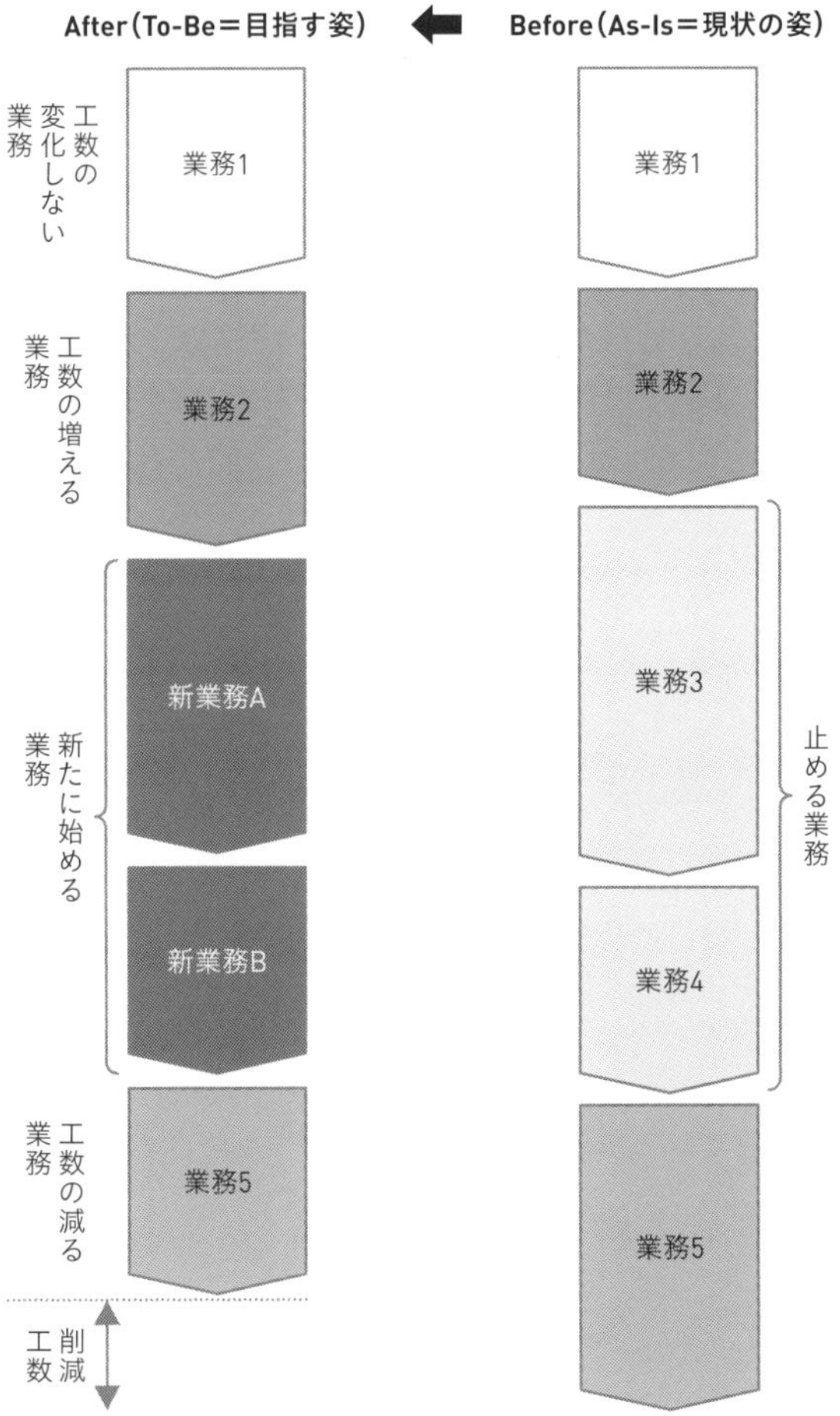

というものを選び、より詳細化し、さらには分析ストーリーとつなげていきます。活用ストーリーと分析ストーリーのつながりを考えるとき、「データ利活用の流れ」をベースに考えていくとすっきりします（図2－2－6）。

そうして、結果的にたくさんの「活用目的」「活用ストーリー」「分析ストーリー」のセットができあがります。問題は、どのセット（テーマ）を選ぶのかということになります。次の2つの視点で評価することで、「筋のいいテーマ」を見つけることができます。

筋のいいテーマとは、「活用目的」「活用ストーリー」「分析ストーリー」が明確で「成果が大きく、かつ、やり易いテーマ」です（図2－2－7）。

データサイエンティストが、成果は大きそうだが難しいチャレンジテーマを選ぶケースも多々目にします。しかし、個人の挑戦よりもまずやるべきは、やり易いテーマで確実かつスピーディーに成果を出すことです。挑戦自体はいいことですが、一方で、要領良く成果をものにしていくのも重要です。

図2-2-6 データ利活用の流れ

データサイクル		利害関係者		補足	
I	データの取得	1	データ発生源	自然、組織、個人等の行動・事象によってデータが発生する源	分析ストーリーの範囲
		2	データを生成させた組織	自らの意志で利活用を目的とするデータを発生させた組織	
II	データのやり取り・通信	3	データ取得を介在した組織	センサー機器などによってデータを発生させることを可能にした組織	
III	データの蓄積・ビッグデータ化	4	データを管理する組織	生成したデータを保管・管理する組織	
		5	データを利用する組織	データを購入または利用許諾をうけた組織	
IV	データの実装（商品反映）	6	データを解析する組織	AI（人工知能）等を使ってデータを解析する組織	
V	データの分析	7	サービスを提供する組織	データ解析結果を利用したサービスを提供する組織	活用ストーリーの範囲
		8	サービスを受ける個人や組織	データ解析結果を利用したサービスを受ける個人や組織	

出典：「データ利活用促進に向けた企業における管理・契約などの実態調査」（経済産業省）
（https://www.meti.go.jp/policy/economy/chizai/chiteki/pdf/28houkoku.）を一部改編

図 2-2-7　筋のいいテーマ

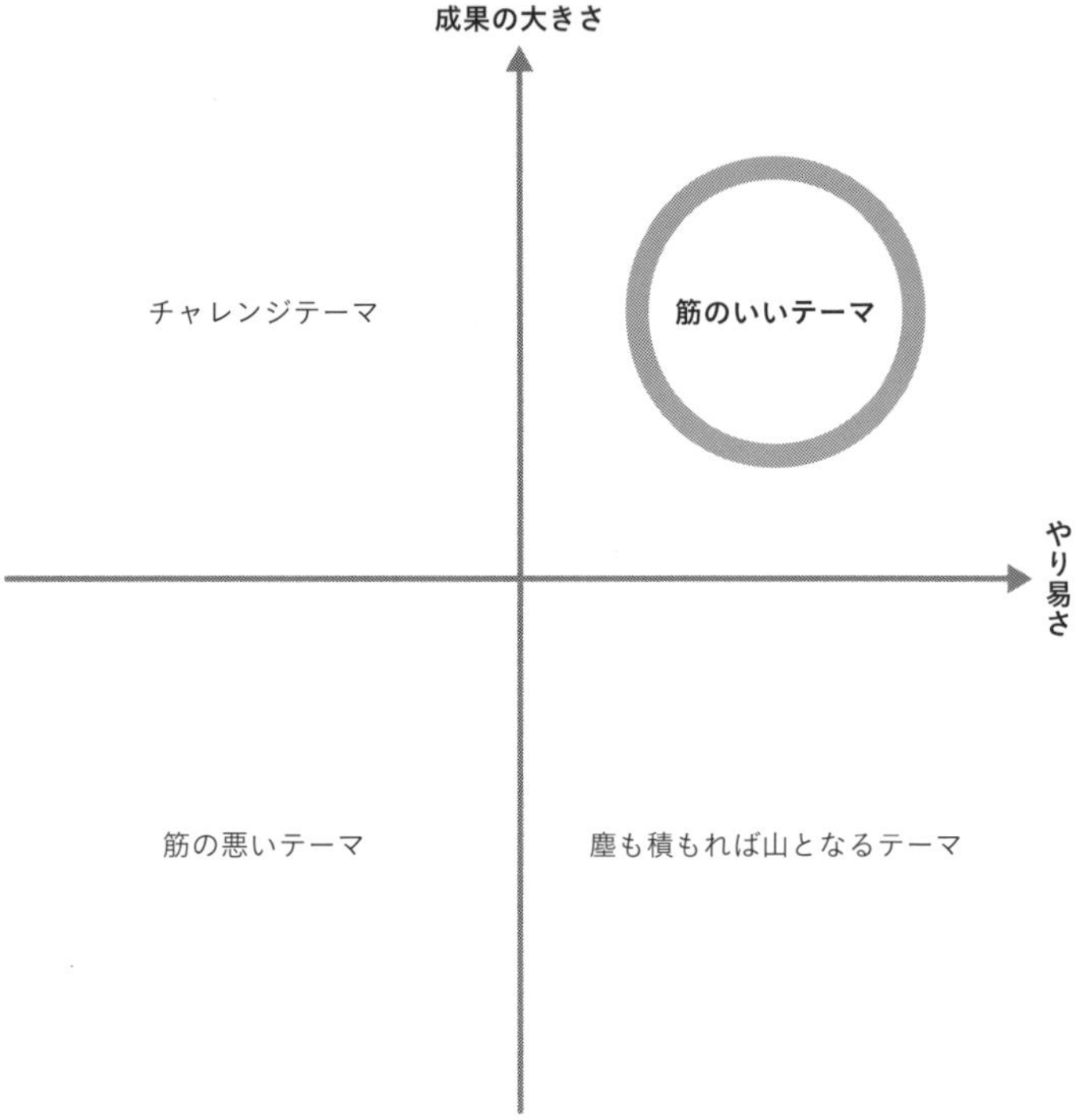

2-3 データサイエンス駆動プロセス（PDCA×OODA×CRISP－DM）

筋のいいテーマが決まっただけでは、成果を手にすることはできません。実現する必要があります。データサイエンスだからといって、特別な何かがあるわけではありません。基本は、マネジメントサイクルであるPDCA（Plan - Do - Check - Act）サイクルを回して管理します。

現場では、OODA（Observe - Orient - Decide - Act）ループに従って動くといいでしょう。もちろん、現場レベルでPDCAサイクルを回しても問題ありません。データサイエンスの武器であるモデルなどは、CRISP－DM（CRoss-Industry Standard Process for Data Mining）のプロセスに従い構築していきます（図2－3－1）。

図 2-3-1　PDCA×OODA×CRISP-DM

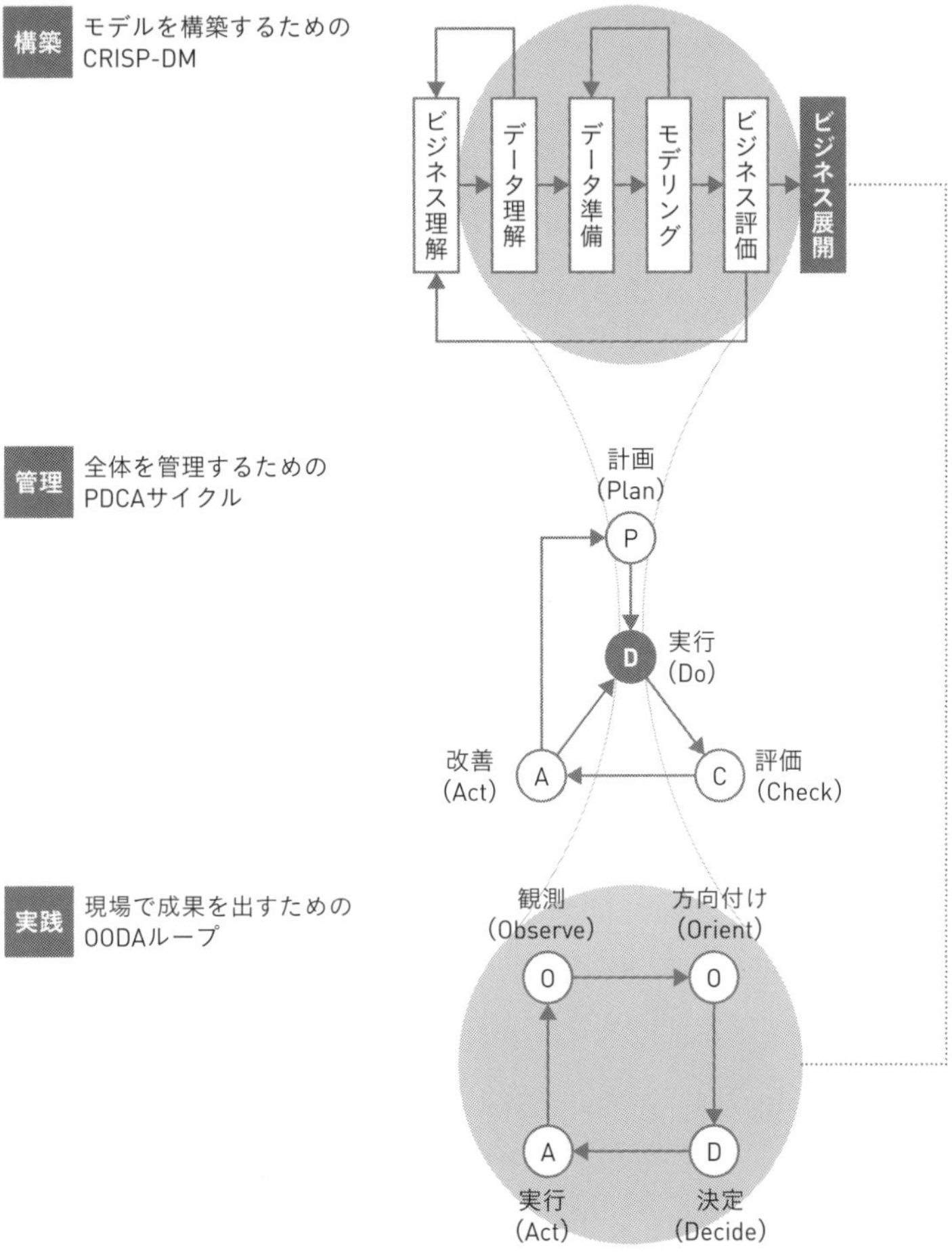

ここでは、簡単にPDCAサイクルとOODAループ、CRISP-DMについて説明します。ちなみに、「こうすべき」というものではありません。管理するのにPDCAサイクルは必須ではありませんし、活用時にOODAループも必須ではありませんし、モデル構築時にCRISP-DMも必須ではありません。別のやり方で問題ありません。とはいえ、参考として知っていて損はないと思います。データサイエンスが上手く機能しない場合の参考になるかもしれません。自社流や自己流にアレンジしていただければと思います。

PDCAサイクル

PDCAサイクルとは、ビジネスではお馴染みのマネジメントサイクルで、以下の4つから構成されます（図2-3-2）。

図 2-3-2　全体を管理するための PDCA サイクル

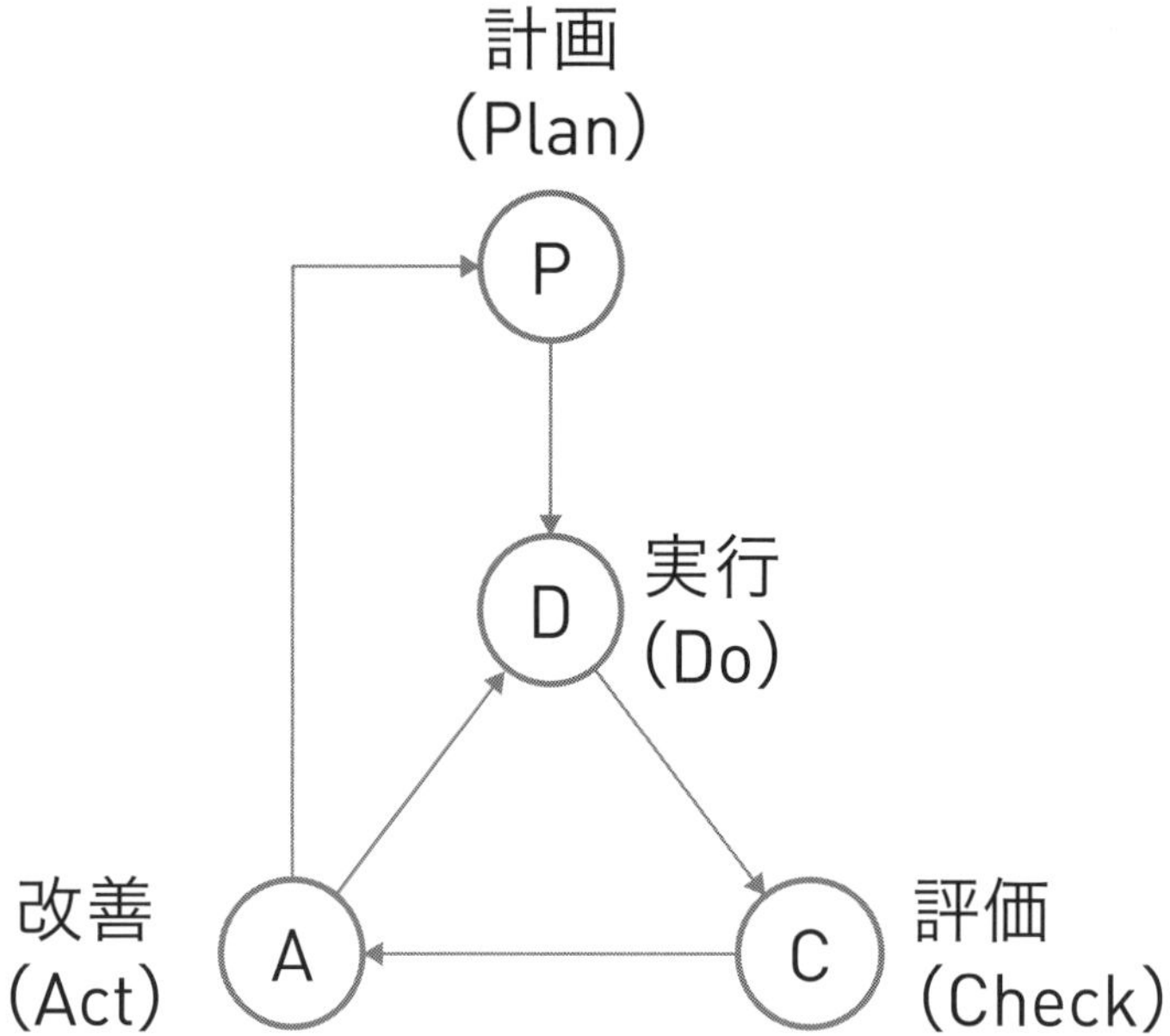

- □P（Plan：計画）
- □D（Do：実行）
- □C（Check：評価）
- □A（Act：改善）

Pで「計画」し、Dで計画に沿って「実行」し、その実行した結果をCで「評価」し、何か問題があればAで「改善」するやり方です。

どのような企業でも、何かしらのPDCAサイクルは回っていることでしょう。例えば、その年の業務計画を作り実行し、決算という名の評価を実施します。

データサイエンスのビジネス実践に限ると、PDCAで管理するのは主に以下の3つです。

- **□データサイエンス全体の進捗管理（テーマ選定と進行、テーマの成果評価）**
- **□テーマごとのモデル構築管理（CRISP-DMの管理）**
- **□テーマごとのデータサイエンスの活用管理（OODAループの管理）**

OODAループ

OODAループとは、PDCAサイクルのような管理するためのマネジメントサイクルではなく、現場が動くためのドゥーループの一種です。以下の4つから構成されます（図2-3-3）。

□O（Observe：観測）
□O（Orient：方向付け）
□D（Decide：決断）
□A（Act：行動）

OODAループは、多くの人は無意識で実施しています。

例えば、朝起きて新聞やテレビの天気情報を確認し、その日の空を見たりするのがO「観察（Observe）」です。その後、傘を持っていくかどうかを考え悩むのがO「方

図 2-3-3　現場で成果を出すための OODA ループ

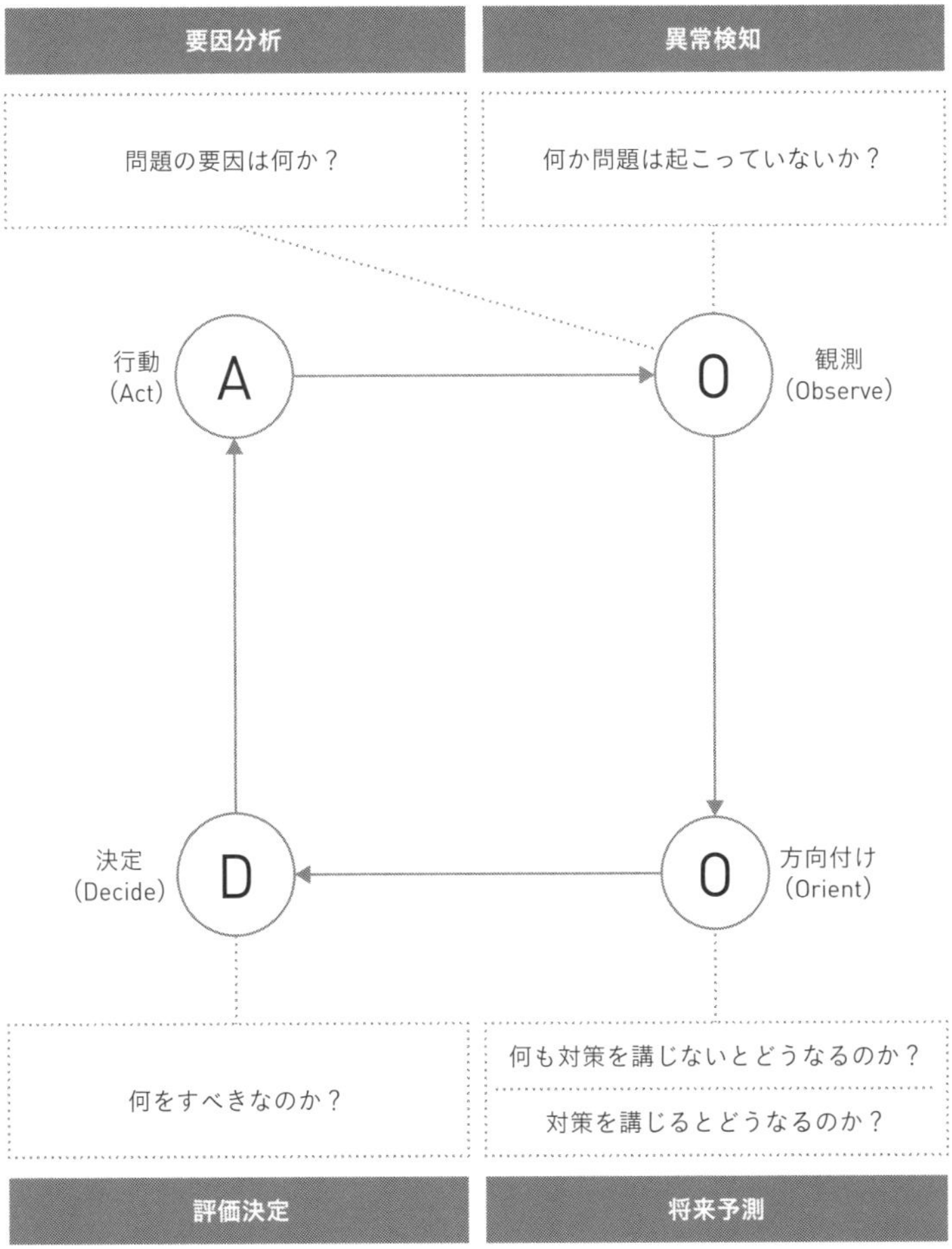

向付け（Orient）」です。O（観測）とO（方向付け）の大きな違いは、O（観測）が過去から現在までのことであるのに対し、O（方向付け）が現在から未来へ向かっていることです。今から異常が起こりそう（現在から未来）な状態に、今既になっている（過去から現在）かどうか（機器が故障しそう、顧客が離反しそう、雨が降りそうなど）を検知する「予兆検知」は、両方に含まれます。それがD「決断（Decide）」です。その後、傘を持っていくかどうか決断する必要があります。それがA「行動（Act）」です（図2－3－4）。決断したら後は実行するだけです。

人は、日常生活の中で無意識にOODAループに沿って生活していることも少なくありません。この日常的に実施しているOODAループを、無意識ではなく意識して回すのがデータサイエンス流です。

OODAループ上には、データを使って解決すべき個別のテーマがあります。個別のテーマは、より大きなデータサイエンスのテーマの解決や、目指す成果を実現するために存在します（図2－3－5）。

図2-3-4　多くの人は無意識にOODAループで動いていくことも多い

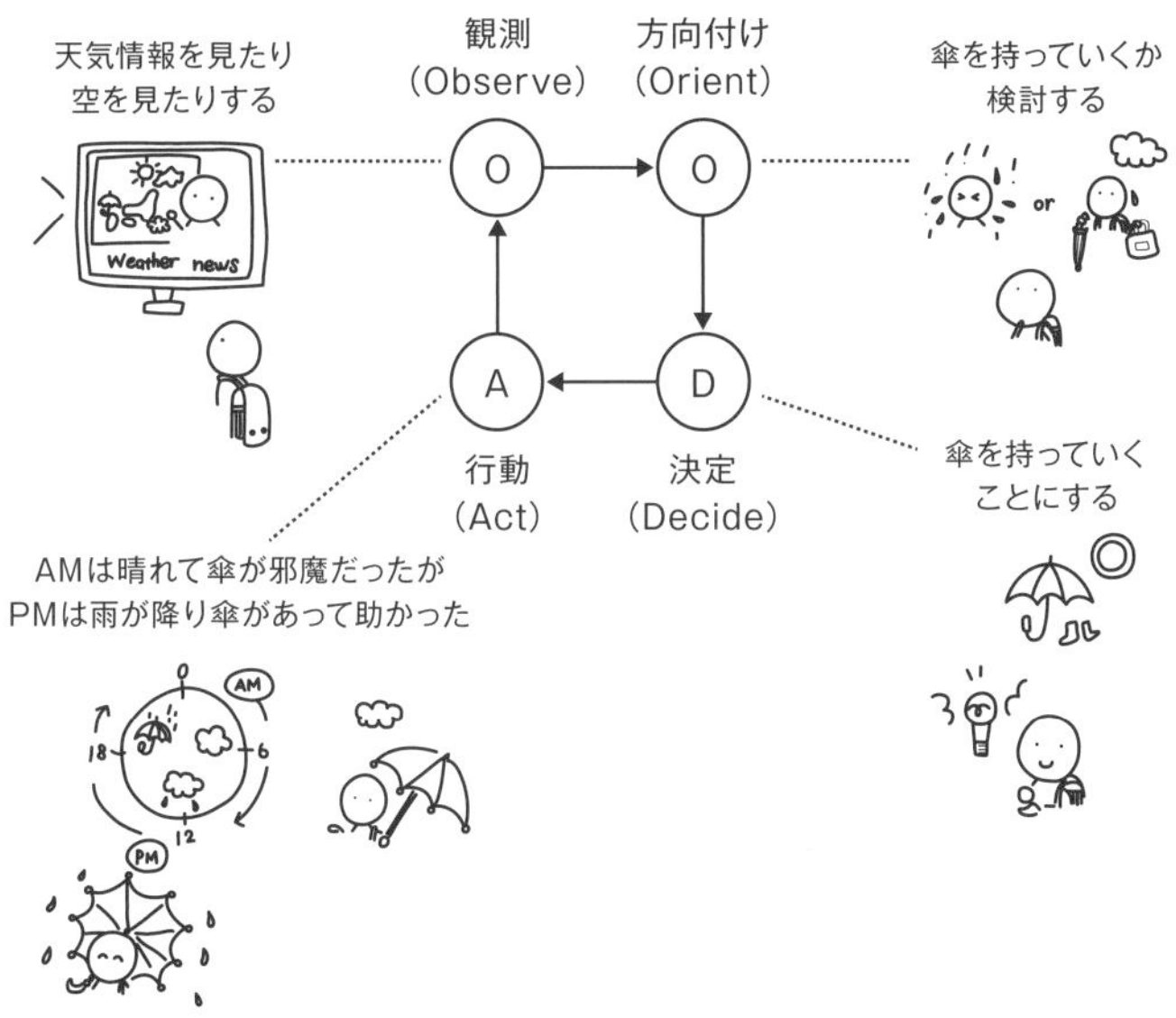

例えば、営業やマーケティングであれば「LTV（Life Time Value＝顧客生涯価値：顧客が生涯を通じて企業にもたらす利益）最大化」や「顧客増」、生産系であれば「QCD（品質・コスト・納期）の向上」、もしくはもっとシンプルに「生産性向上」などです（図2-3-6）。

図 2-3-5　個別テーマの分類例

テーマ		用途例
異常検知	異常検知	何か異常(外れ値や変化など)が起こっていないか？
	効果測定	異常を起こそうと頑張ったけど、異常は起こせているかどうか？(販促による売上拡大など)
	予兆検知	異常が起こる予兆はあるのか？
要因分析	要因特定	問題の要因は何か？
	構造理解	どのような構造(○○が起こると△△が起こる)になっているのか？
	変化把握	構造はどのように変化しているのか？
将来予測	質的予測	どのくらい起こりそうか？(例:受注するかどうか)
	量的予測	どの程度の量になりそうか？(例:受注金額)
	予兆検知	おかしくなりそうか？ ※異常検知の予兆検知と同じ
評価決定	行動推奨	何をすればいいのか？
	程度推奨	どの程度すればいいのか？
	多面評価	それは効率的かつ現実的か？

図2-3-6　営業やマーケティングのデータサイエンスのテーマ例

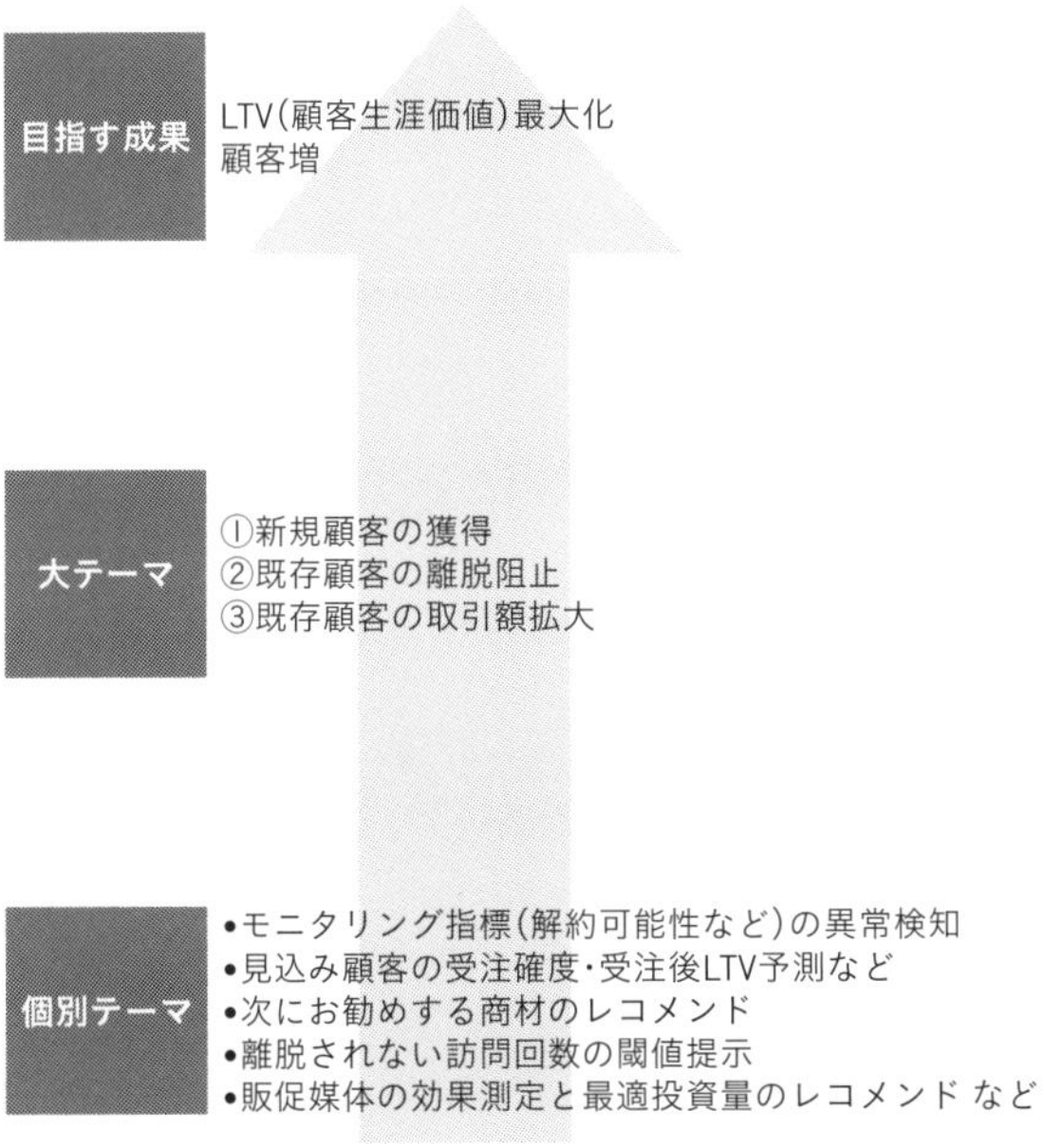

目指す成果	LTV（顧客生涯価値）最大化 顧客増
大テーマ	①新規顧客の獲得 ②既存顧客の離脱阻止 ③既存顧客の取引額拡大
個別テーマ	●モニタリング指標（解約可能性など）の異常検知 ●見込み顧客の受注確度・受注後LTV予測など ●次にお勧めする商材のレコメンド ●離脱されない訪問回数の閾値提示 ●販促媒体の効果測定と最適投資量のレコメンド など

CRISP－DM

CRISP－DMは、2000年前後のデータマイニング・ブームのとき、一気に日本で広まりました。データサイエンス系のプロジェクトであれば、CRISP－DMを知らなくても、結果的に似たような感じのことを実施しているかと思います（図2－3－7）。以下の6つで構成されます。

- □ビジネス理解
- □データ理解
- □データ準備
- □モデリング
- □ビジネス評価
- □ビジネス展開

図 2-3-7　モデルを構築するための CRISP-DM

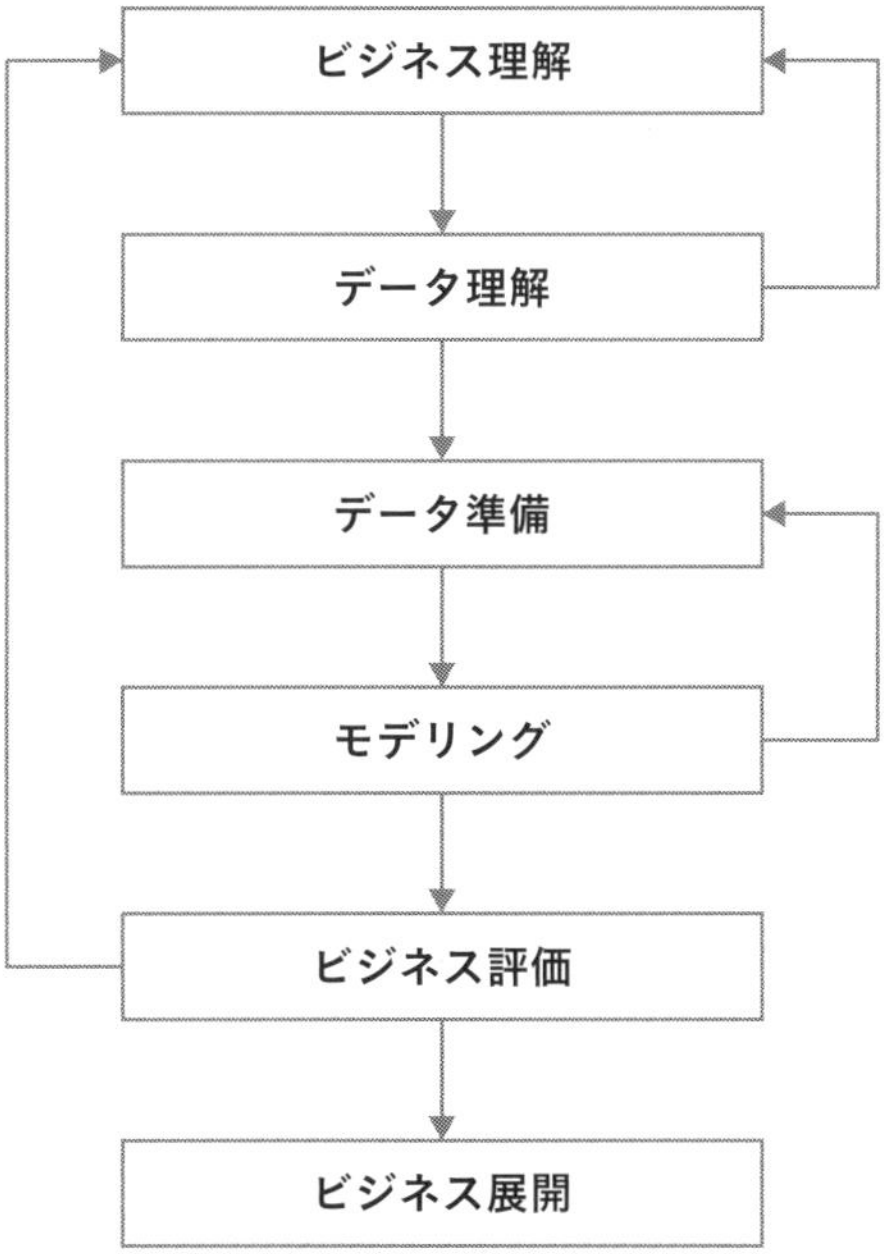

簡単にいうと、テーマに沿ってモデルを構築し、実際のビジネスに活用するまでのプロセスです。

ここでひとつ注意点があります。モデルというと、ファッションモデルやプラモデルを思い浮かべる方も少なくないでしょう。ここでいうモデルとは、現実世界を模したもので、何かしらの記号（数式や図など）で表現されたものです。現実世界を模したものという意味で、どちらかというとファッションモデルよりもプラモデルに近いでしょう。例えば、統計解析や機械学習などで登場する数理モデルは、数式という記号でモデルを表現しています。数式で表現された数理モデルは、あくまでも現実世界を模したもので、本物ではありません。

モデルには大きく2種類あります。今現在の現実世界を表現した「As-Isモデル」（典型モデルや近似モデル）と、こうあるべき現実世界を表現した「To-Beモデル」（理想モデルや規範モデル）です。今現在の業務フローを図示化すれば、それは「As-Isモデル」型のプロセスモデルで、あるべき業務フローを図示化すれば、それは「To-Beモデル」型のプロセスモデルになります。どちらも現実世界を模したもので、意味付け（理想か現状か）が異なるだけです。

データサイエンスでは、以下のようなモデルを構築する必要があります。

□指標モデル（KPI（重要業績評価指標）などの指標のこと）
□プロセスモデル（活用ストーリーや分析ストーリーを具体化したもの）
□モックアップモデル（レポートやダッシュボードなどのひな形）

CRISP－DMでは、数理モデルだけではなく、このような指標モデルやプロセスモデルなども構築していきます。

他には、データ周りを整理する必要があれば、データモデルを構築・再構築する必要があるでしょうし、収益構造に影響を及ぼすならビジネスモデルの構築・再構築なども必要になることでしょう。つまり、CRISP－DMは、データサイエンス活用上、大きな武器となるこれらのモデルを生み出す製造プロセスなのです。そして、CRISP－DMはデータサイエンティストだけでは進められません。先ほどあげたデータサイエンス上で必要な人財が、一緒になって進めていく必要があります。

2-4 統計解析と機械学習、そしてAI

次のような質問をよくされます。

「統計解析と機械学習、何がどう違うのですか?」

データサイエンティストの武器のひとつが統計解析です。統計学の理論を使った分析手法です。似たようなデータサイエンティストの武器に、機械学習というものがあります。一体、何がどう違うのでしょうか。

簡単に説明します。

機械学習とは、AIにおける研究課題のひとつです。人間が自然に行っているような学習をコンピュータ上で実現しようとする技術になります。そのため、コンピュータの存在が前提になります。

図 2-4-1 統計解析（とくに多変量解析）の数理モデル群

- 単回帰モデル
- 重回帰モデル
- 分散分析
- ロジスティック回帰モデル
- 対数線形モデル
- ポアソン回帰モデル
- 線形判別分析
- 数量化Ⅰ類
- 数量化Ⅱ類
- 数量化Ⅲ類
- 数量化Ⅳ類
- 数量化Ⅴ類
- 数量化Ⅵ類

- AID・CHAID（決定木）
- 主成分分析
- 因子分析
- 3相因子分析
- 階層型クラスター分析
- 非階層型クラスター分析
- 潜在クラス分析
- コレスポンデンス分析
- MDS（多次元尺度構成法）
- コンジョイント分析
- ARIMAモデル
- 状態空間モデル
- 項目反応モデル

- パス解析
- グラフィカルモデリング
- 共分散構造分析
- ベイジアンネットワーク
- 一般線形モデル
- 一般化線形モデル
- マルチレベルモデル
- 混合モデル
- 階層ベイズモデル
- 正則項付きモデルなど

↓

多くが機械学習でも登場する

一方で、統計解析〔多変量解析（情報を分析者の仮説に基づき関連性を明らかにする統計的手法。主成分分析、因子分析、クラスター分析などがある）などを含む〕は、データの特徴や規則性などを見いだそうとするものです。こちらは、コンピュータが登場する以前からあります。

要するに、目的とするところも、コンピュータの存在が前提になっているかどうかも異なります。

しかし、機械学習の枠組みの中で統計学の数理モデルを利用することは多々あります。このことが、混乱する原因のひとつでしょう。統計解析の多変量解析と呼ばれるモデル群と、機械学習で登場するモデル群が重複するのです（図2－4－1）。

例えば、回帰モデル。

回帰モデルとは、「目的変数y」（例：店舗売上）と「説明変数x」（例：チラシの配布枚数）の関係を数式で表現したものです（図2－4－2）。

この回帰モデルは、統計解析にも機械学習にも登場します。

単図 2-4-2　回帰モデル

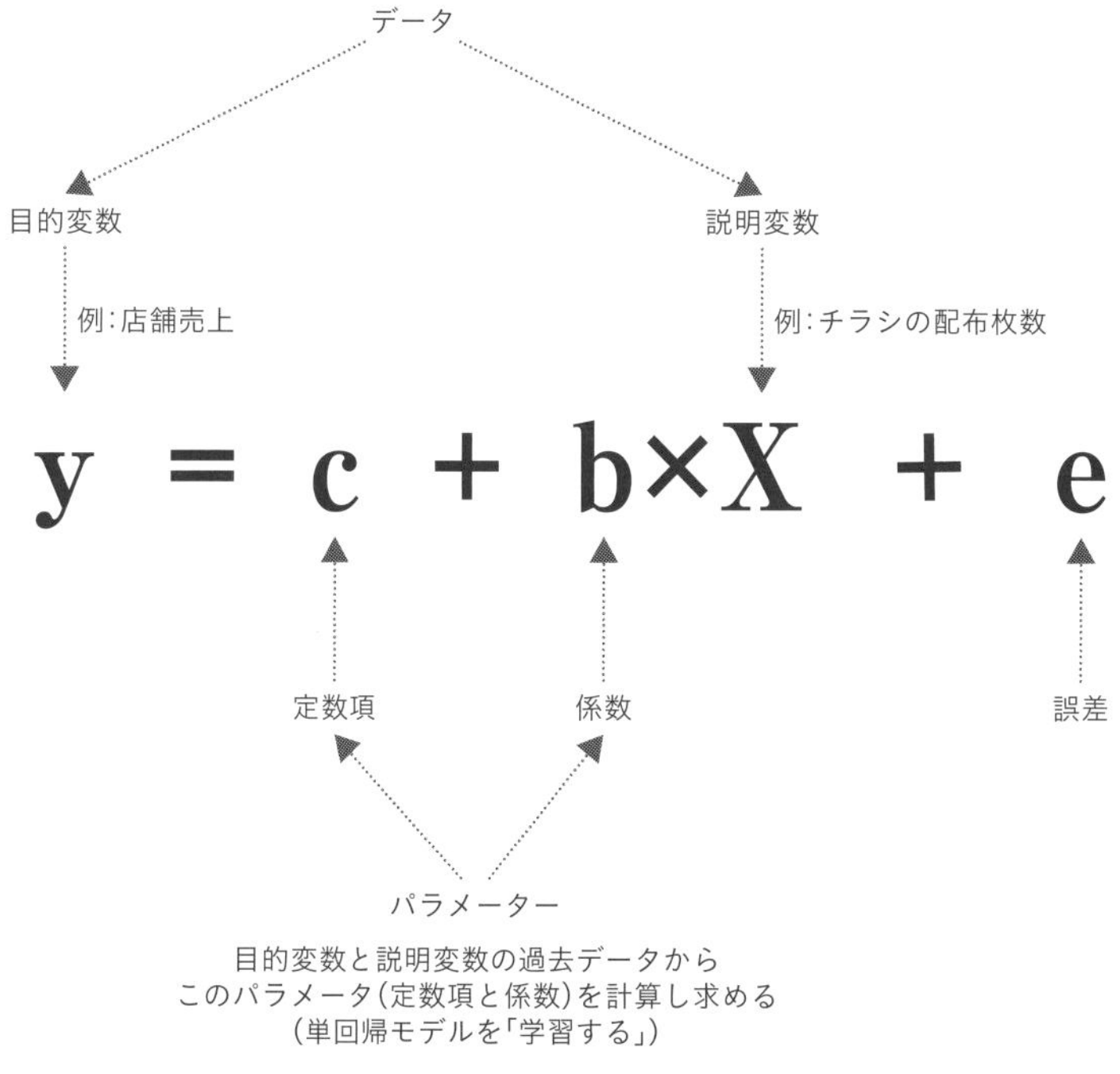
データ
目的変数
説明変数
例:店舗売上
例:チラシの配布枚数
y = c + b×X + e
定数項
係数
誤差
パラメーター
目的変数と説明変数の過去データから
このパラメータ(定数項と係数)を計算し求める
(単回帰モデルを「学習する」)

回帰モデルの数式を得るためには、データからパラメータと呼ばれる「定数項」と「係数」を計算し求める必要があります。

コンピュータを前提にする機械学習と異なり、統計学そのものはコンピュータが発達する以前からあります。そのため、回帰モデルのパラメータ（定数項と係数）は手計算で求めても問題ありません。もちろん、コンピュータを使っても求められます。どちらが簡単でしょうか。当然ながら、手計算よりもコンピュータを使った方が簡単に求められます。

機械学習の世界では、例えば「回帰モデルのパラメータを、コンピュータを使い求めること」を「学習する」といいます。

実際、多くの統計解析の分析手法として登場するモデルは、コンピュータを使い学習し求めます。そう考えると、統計解析系のモデルと機械学習は切っても切り離せません。そのため統計解析と機械学習を合わせて「統計的機械学習」といったりします。

ちなみに、回帰モデルは何に使えるでしょうか。先ほどの「目的変数：店舗売上」と「説明変数：チラシの配布枚数」の例で考えてみます。

この回帰モデル式より、店舗売上とチラシの配布枚数の今までの傾向が見えてきます。店舗売上とチラシの配布枚数の関係性の有無や強弱などです。このように、統計解析の分析手法として登場するモデルの多くは、データから有効な知識（データの背景に潜むメカニズム）を炙《あぶ》り出してくれます。

それだけではありません。この回帰モデル式は、未来の予測にも使えます。チラシを何枚配布すると、どのくらいの売上げになりそうかが見えてきます。予測が1円の差もなくピタリと当たることはありませんが、どのくらいになりそうかの見通しはつきます。統計解析の分析手法として登場するモデルの中に、「回帰」というキーワードのあるものがあります。多くの場合、予測でも使えます（図2－4－3）。

要するに、統計的機械学習とは「統計的方法に基づいて、得られた観測データから有効な知識（データの背景に潜むメカニズム）を自動抽出する、コンピュータを使うことを前提にした方法論」です。その得た知識を、どうなっているのかという解釈（過去から現在）で使う場合もありますし、これからどうなるのかという予測（現在から未来）で使う場合もあります。

図 2-4-3　過去を知り未来を見通す統計的機械学習

人によってあえて「統計」というワードを強調したり、「機械学習」というワードを強調したりします。賛否両論があるとは思いますが、機械学習というワードが前面に押し出されるとき、「予測」というニュアンスが強くなります。コンピュータをバリバリ使って「とりあえず予測の当たるモデルが構築できればいい」という感じです。

一方で、「統計」というワードが前面に押し出されるとき、「データの背景に潜むメカニズム（データの特徴や規則性、不規則性）」を理解しようというニュアンスが強くなります。予測精度が犠牲になっても、人間が理解できることが重要になってきます。

「統計的」というキーワードが入っていない機械学習の場合、「データの背景に潜むメカニズム（データの特徴や規則性、不規則性）」を人が理解することはあまり求められておらず、「予測」ということが最重要事項になっているようです。その典型が、ディープラーニング（主に4層以上の深層で構築されたニューラルネットを指す。ニューラルネットとは、人間や動物の脳神経回路を参考にモデル化されたもの。2層の場合にパーセプトロン、3層の場合に階層型ニューラルネットと呼ばれる）でよく使われるニューラルネットワーク（脳機能の特性をコンピュータ上で表現するために作られた数理モデル）型のモデル群です。

2-5 統計解析・機械学習モデルの選び方（チートシート）

統計解析や機械学習などで利用される数理モデルは多種多様です。次から次へと新しいものが登場し、全体を捉えることはできません。最新のものや流行のものを追うのもいいですが、先ずは基本的なものを抑えるのがいいでしょう。

基本的なものといっても、先ほどあげたように、それはそれで色々あります。そのため、用途に応じて適切に選ぶ必要があります。

その選び方を示したチートシート（カンニングペーパー）があります。チートシートは幾つかありますが、もっともシンプルなものがMicrosoft社のチートシートです。同社のAzure Machine Learningの中にある手法を選ぶときに利用します（図2－5－1）。

図 2-5-1 Azure Machine Learning Studio の機械学習アルゴリズム チートシート

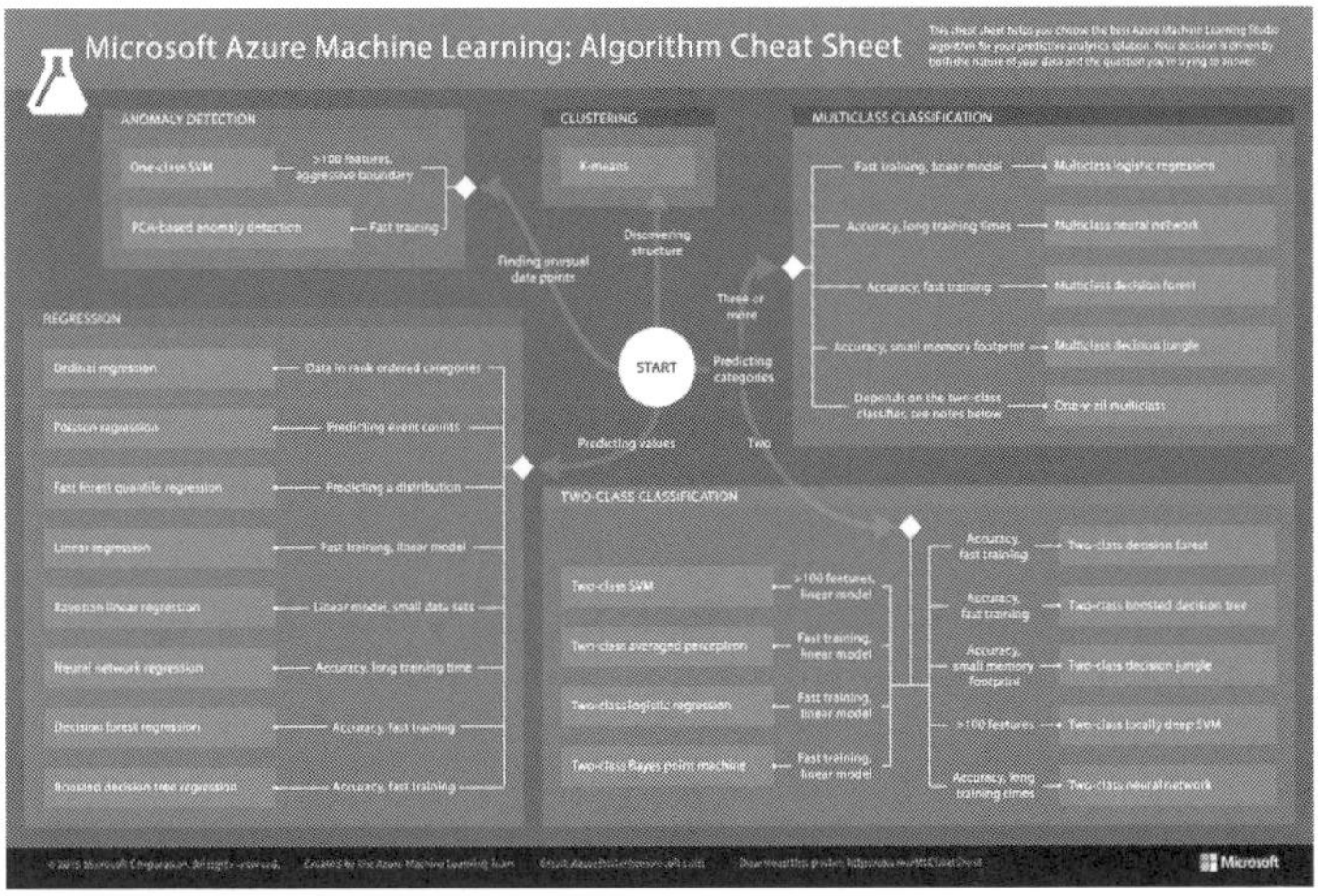

出典：Microsoft「Azure Machine Learning Studio アルゴリズムチートシート」
(https://docs.microsoft.com/ja-jp/azure/machine-learning/studio/algorithm-cheat-sheet)〈2019年7月閲覧〉

もっとシンプルにしたのが、「ざっくりチートシート」です。Microsoft社のチートシートを単純化し、用語も一般的な内容で置き換えました（図2－5－2）。

ざっくりチートシートで導き出されるモデルは、以下の4つです。

- □量を予測するモデル
- □質を予測するモデル
- □異常を検知するモデル
- □構造を理解するためのモデル

量を予測するモデル

「量を予測するモデル」とは、売上金額や故障件数などの数量や件数（カウント数）を予測するためのものです。様々なモデルが考案されています。基本となるのが単回

図 2-5-2　ざっくりチートシート

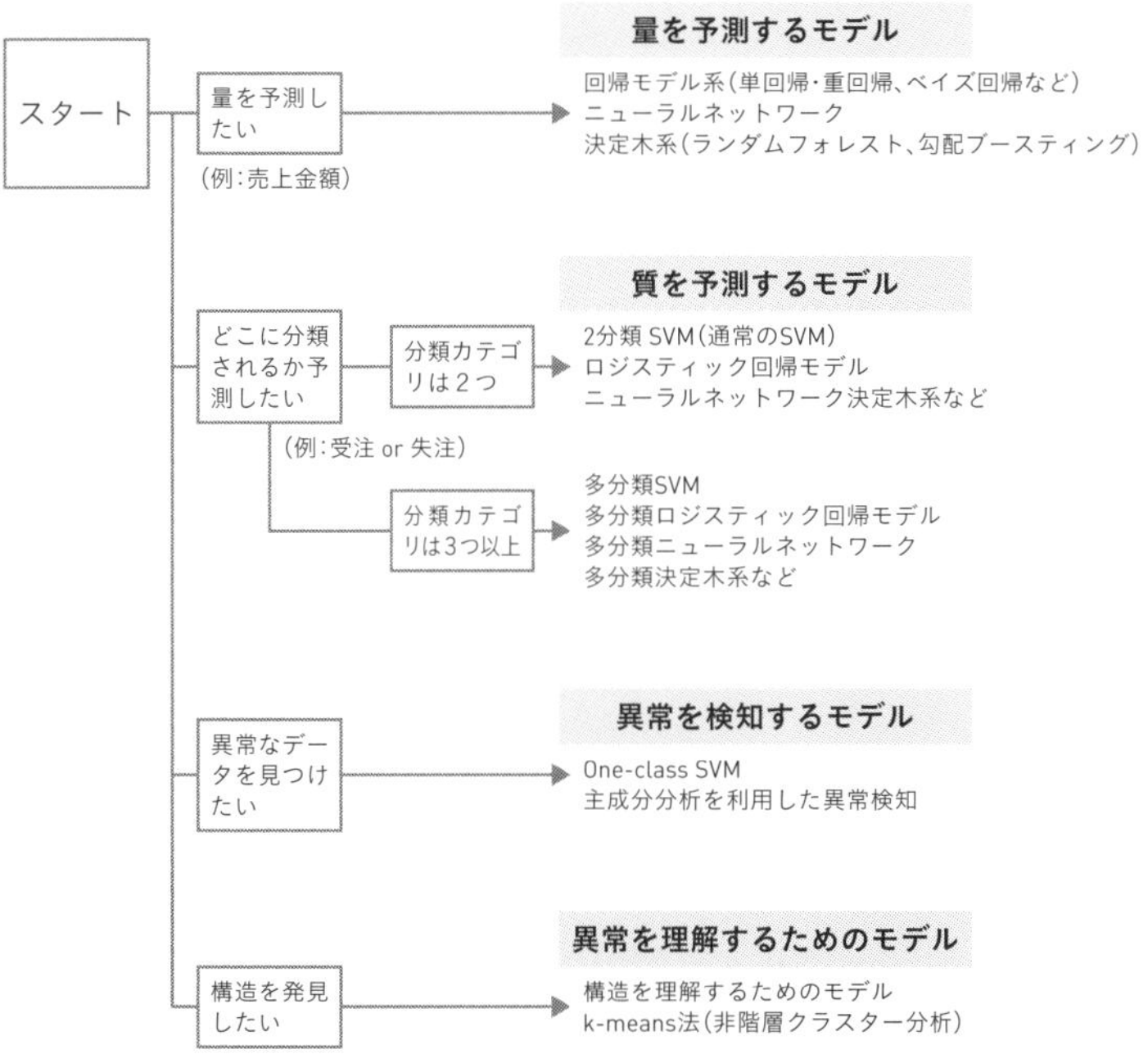

出典：Microsoft「Azure Machine Learning Studio の機械学習アルゴリズム チートシート」をもとに作成

帰モデルや重回帰モデルです。単回帰モデルは説明変数が1つ、重回帰モデルは説明変数が2つ以上のケースです。

例えば、某店舗の日販（1日の売上金額）を目的変数とし、予測対象である日販に影響を及ぼす天候や販促などを説明変数にしたものです。

フィッシュボーンチャート（魚の骨の図）で図示化すると、以下のようになります（図2－5－3）。

フィッシュボーンチャートとは、特性要因図とも呼ばれ、「特性（effect）」と特性に影響を及ぼす「要因（factor）」の関係を図示化したものです。この例では、特性が目的変数で、要因が説明変数になります。ある問題が起こったときに影響を及ぼした要因を「原因（cause）」といいます。

フィッシュボーンチャートは非常に便利なもので、数理モデルの設計時や、問題の要因分析などに活用できます。

図 2-5-3　量を予測するモデル例（某店舗の日販を予測するモデル例）

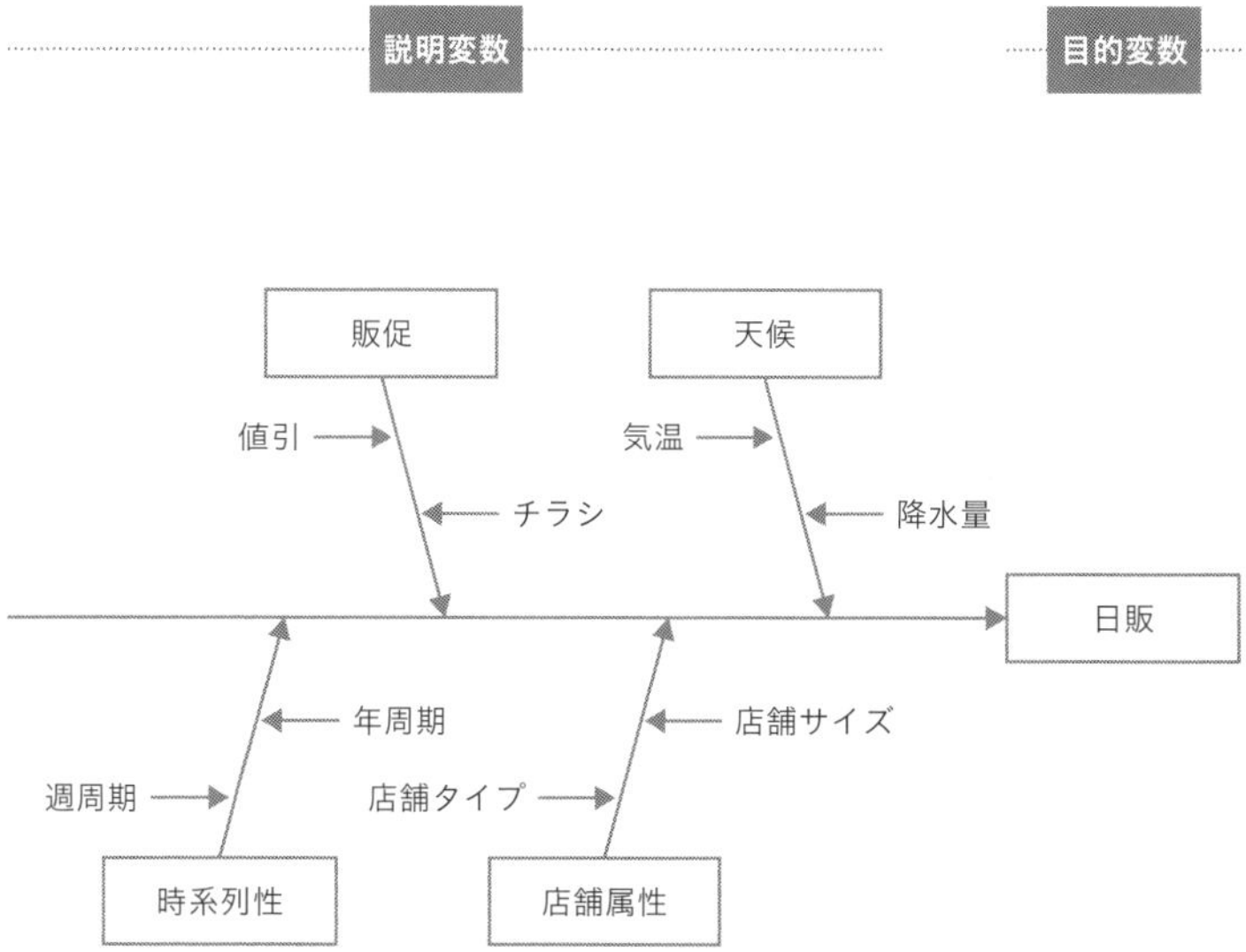

質を予測するモデル

「質を予測するモデル」とは、「受注 or 失注」や「良 or 不良」などの、どちらのカテゴリ（例：受注なのか失注なのか、良品なのか不良品なのか）に属するのかを予測するためのものです。

カテゴリの数は、「受注 or 失注」や「良 or 不良」などのように2種類である必要はありません。3種類でも4種類でも問題ありません。基本は2種類です。

こちらも、様々なモデルが考案されています。基本となるのが、線形判別モデルやロジスティック回帰モデルです。「受注 or 失注」の例で説明すると、線形判別モデルは判別得点というものを使い「受注 or 失注」をダイレクトに予測し、ロジスティック回帰モデルは受注する確率を予測します。

例えば、予測対象である「受注の有無」（受注 or 失注）を目的変数とし、受注に影響を及ぼす営業活動や顧客行動などを説明変数にします。

フィッシュボーンチャートで図示化すると、次のようになります（図2－5－4）。

図2-5-4　質を予測するモデル例（法人営業の受注の有無を予測するモデル例）

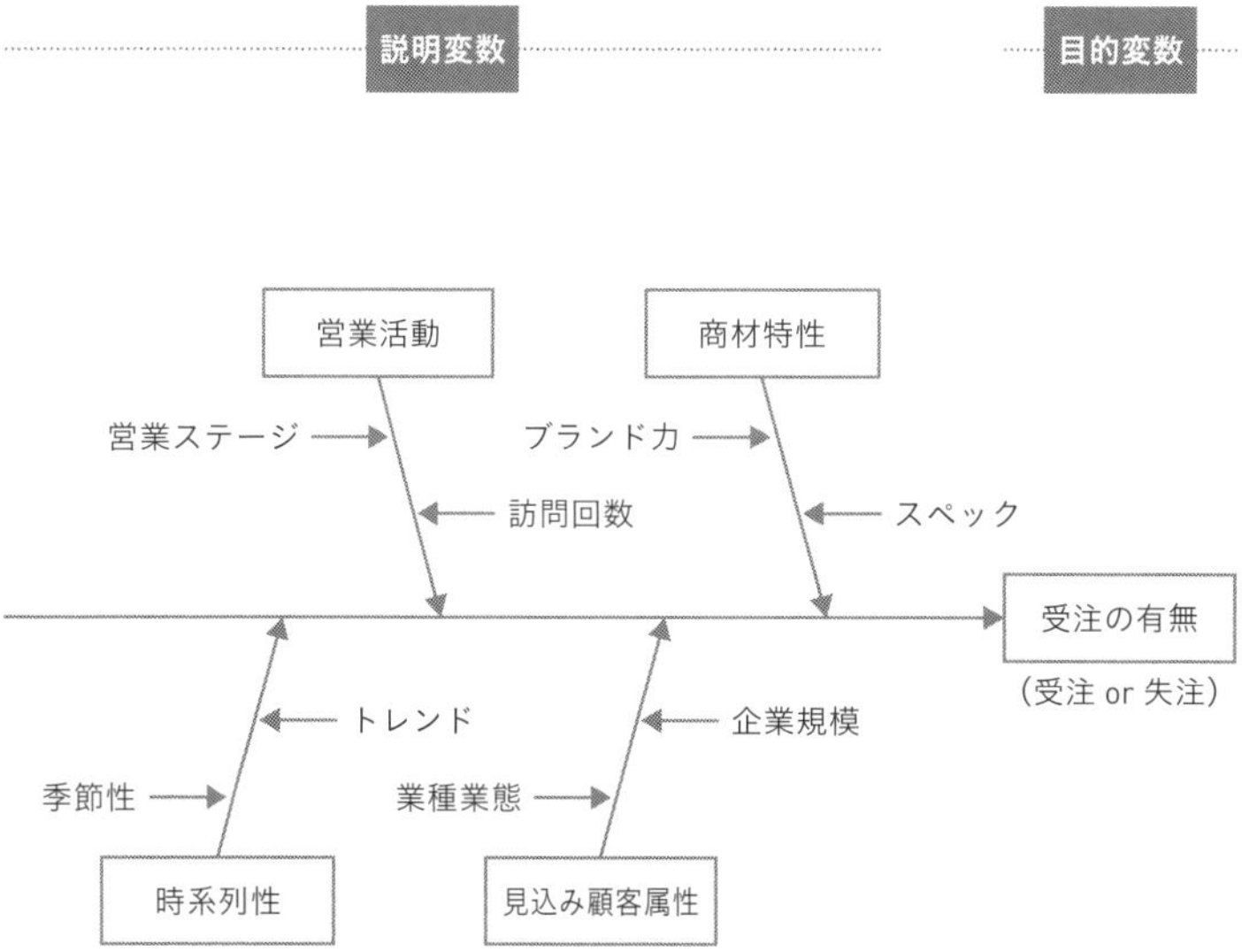

質を予測するモデルの多くは、確率（0以上1以下の数値）が出力されます。「受注or失注」であれば受注確率もしくは失注確率、「良or不良」であれば良品確率もしくは不良品確率です。

どのカテゴリ（例：受注なのか失注なのか、良品なのか不良品なのか）に属するのか白黒つけたいときは、閾値《いきち》（基準となる値）を決める必要があります。一番シンプルなのが0・5です。受注確率が0・5を超えた段階で「受注カテゴリ」に分類する、などです。

よく、量を予測するモデルと質を予測するモデルを一緒に使うことがあります。例えば、以下のように使い分けたりします（図2－5－5）。

□「起こるかどうか」を予測（例：受注するかどうか）→質を予測するモデル
□起こった場合、「どの程度になりそうか」を予測（例：受注金額）→量を予測するモデル

図 2-5-5　質と量を予測する（新規顧客獲得のための営業の活用例）

【質を予測するモデル】
営業中の見込み顧客を受注できそうか予測(受注確率)

【量を予測するモデル】
受注した場合、受注金額がどの程度になるか予測(受注金額)

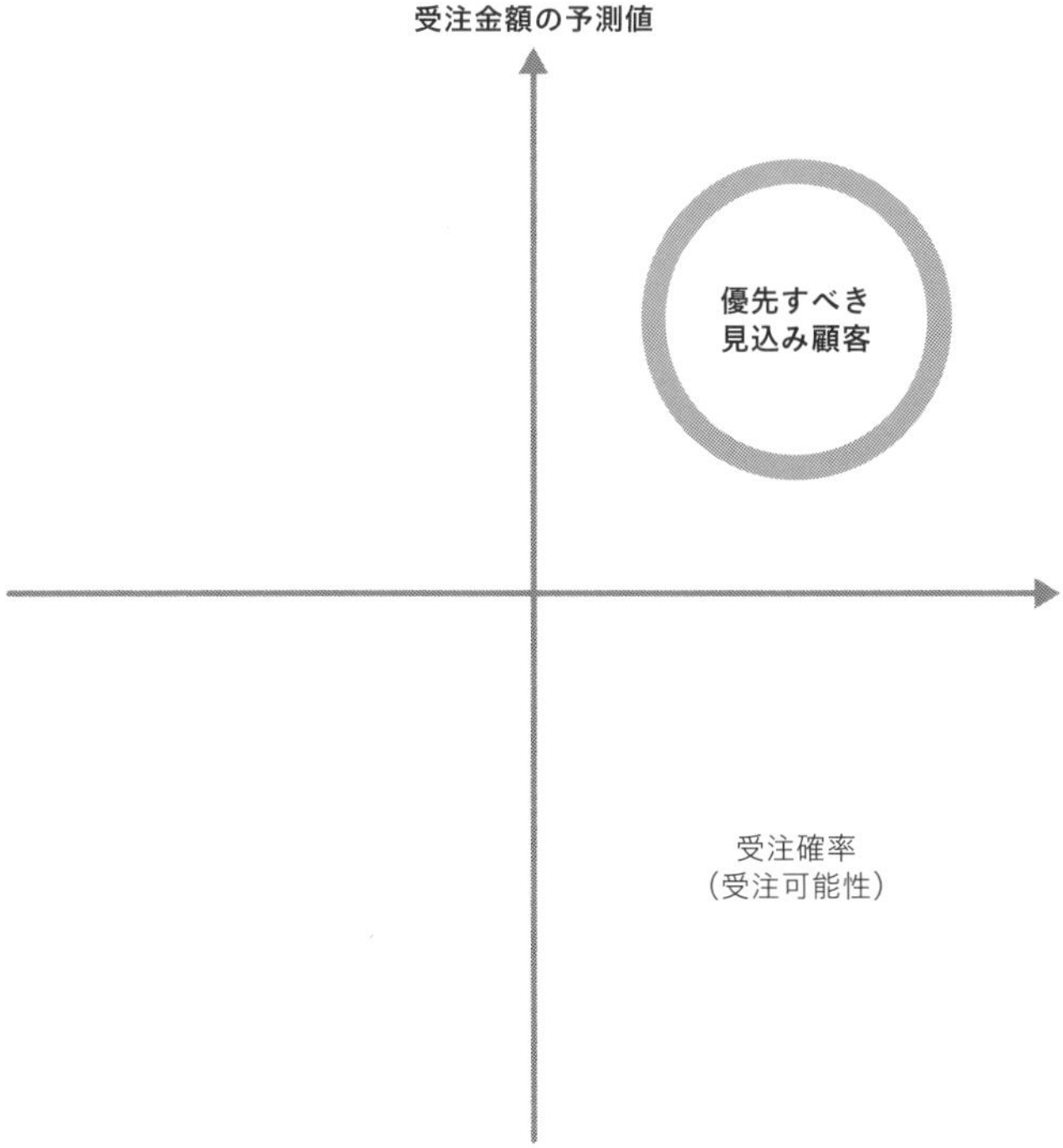

異常を検知するモデル

「異常を検知するモデル」は、機械に取り付けたセンサーの外れ値（他の値から大きく外れた値）や機械そのものの故障、申込書の記入ミス、売上げの変化点などを検知するためのものです（図2－5－6）。

発生した異常が悪いかどうかは、状況によるため注意が必要です。故障の検知であれば異常は悪ですが、キャンペーンなどの効果測定であれば異常は善です。

例えば、キャンペーンの目的として一時的な売上アップがあるならば、そのキャンペーン期間中の売上げは異常値になります。もし、売上げが異常なぐらいアップしなければ、そのキャンペーンは失敗でしょう（図2－5－7）。

Microsoft社のチートシートでは、2つの手法しか紹介されていませんが、量を予測するモデルや質を予測するモデルも、異常を検知するモデルになりえます。

例えば、質を予測するモデルであれば、目的変数として「異常or正常」としモデルを構築することで、機械の異常検知をすることができます（図2－5－8）。

図 2-5-6　異常値（外れ値や変化点など）

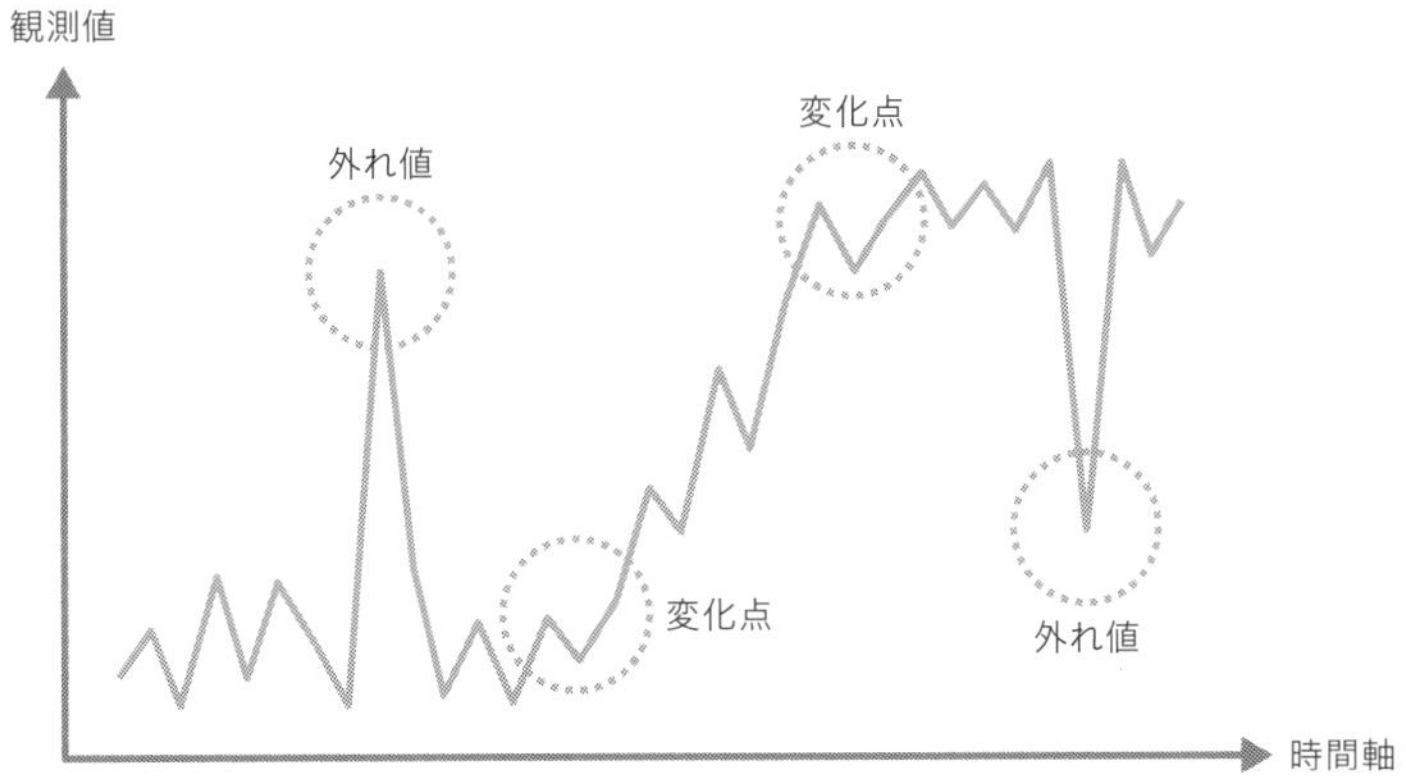

図 2-5-7　キャンペーンなどの効果測定であれば異常は善

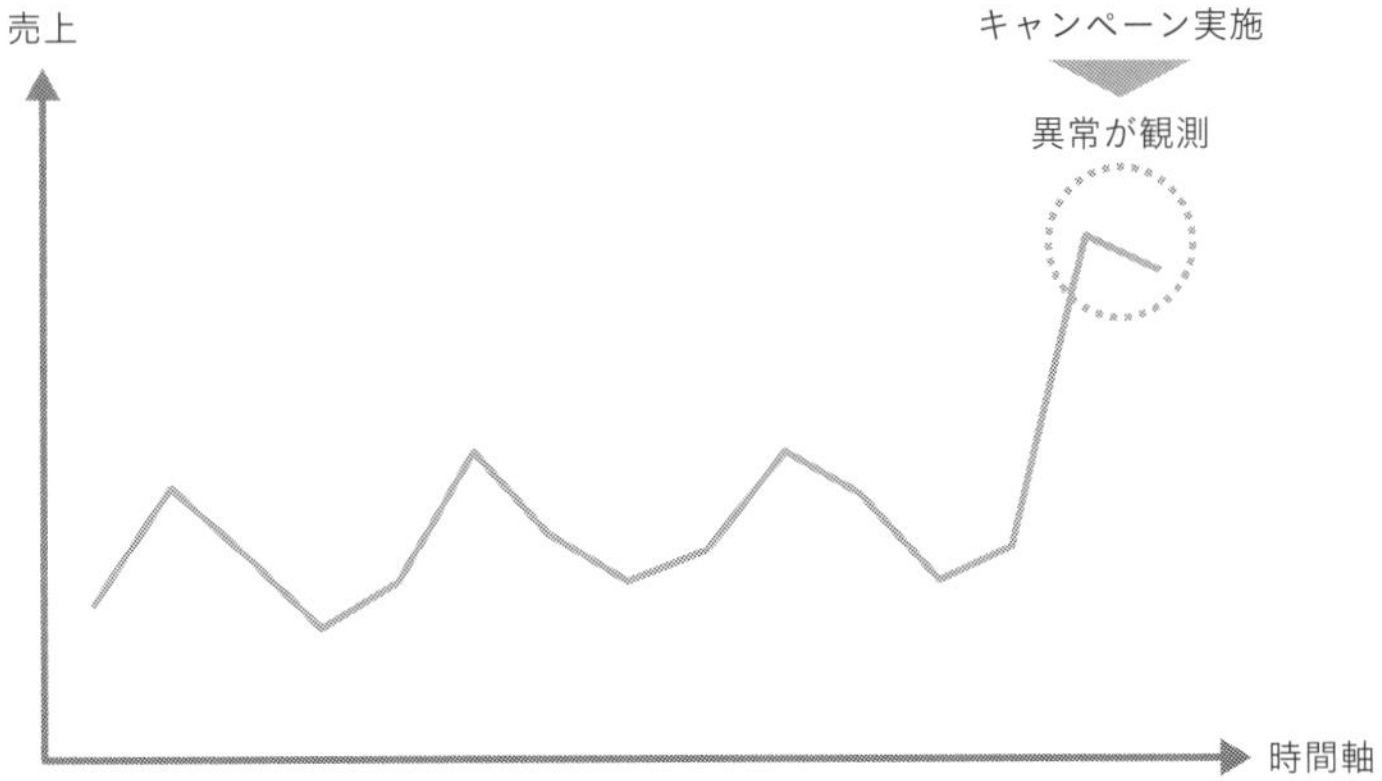

図 2-5-8　質を予測するモデルで異常検知（機器の故障検知例）

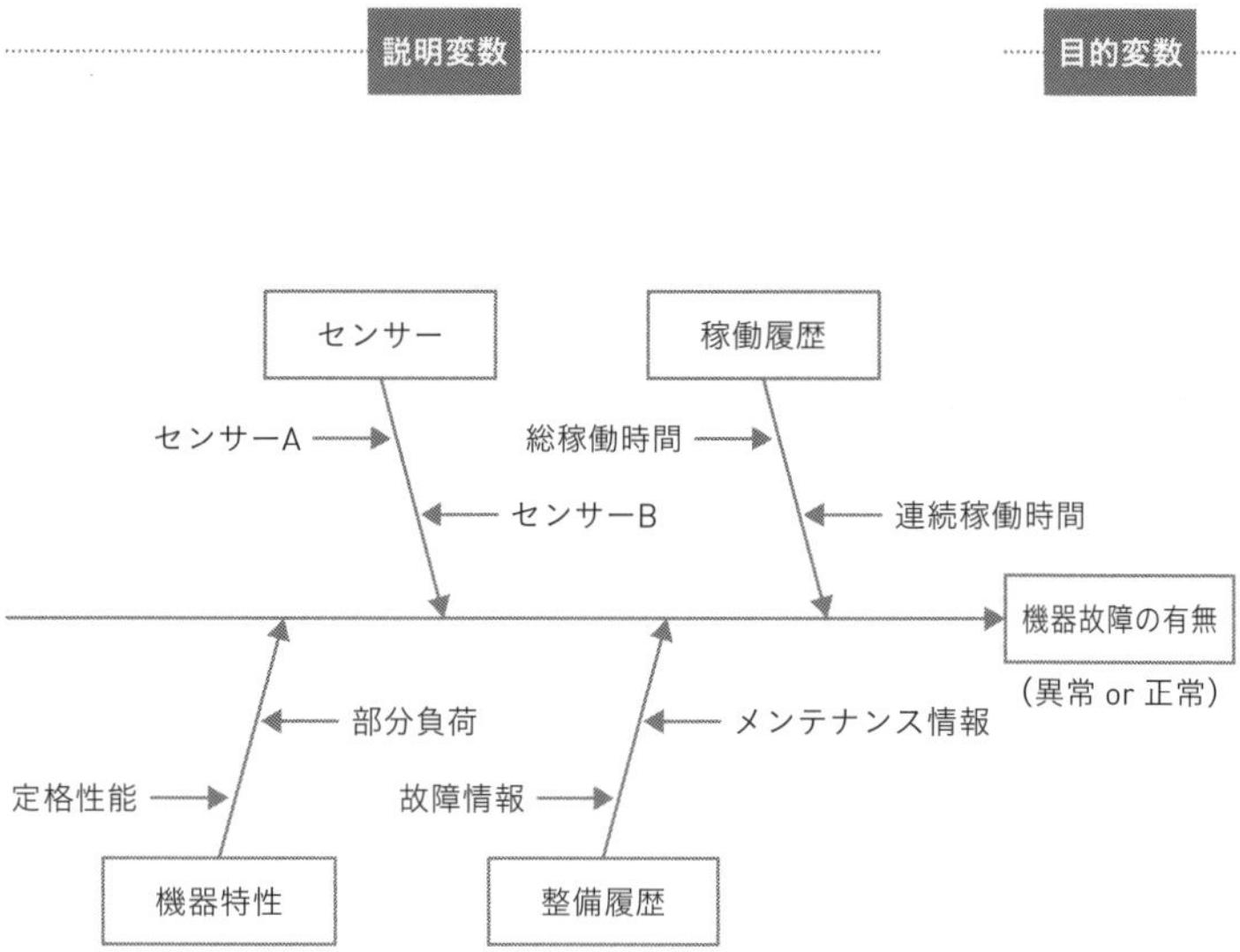

図2-5-9 量を予測するモデルで異常検知（ロット生産オーダーの見積ミス検知例）

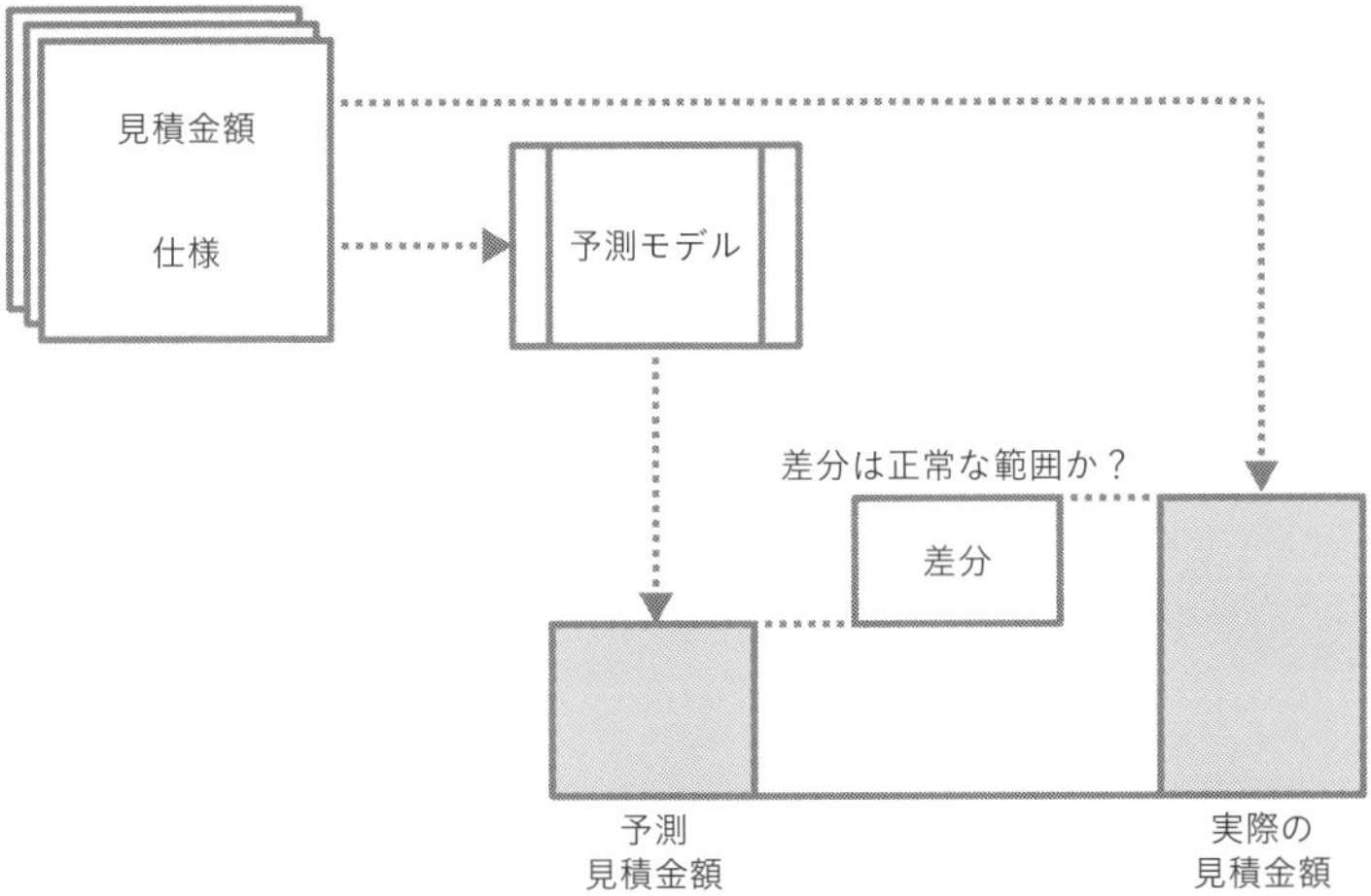

例えば、量を予測するモデルであれば、目的変数を「見積金額」としモデルを構築することで、見積金額のミスを検知することができます。「モデルで予測した見積金額」と「提示された見積金額」が大きく異なる場合、異常と見なせるからです（図2－5－9）。

構造を理解するためのモデル

「構造を理解するためのモデル」とは、得られたデータの構造がどのようになっているのかを把握するためのものです。

直接何かの予測や検知に役立つというよりも、データそのものを理解するためであったり、思いがけない仮説を発見するためであったり、予測や検知のモデルを構築する前段階の分析のためであったりすることが多いです。

Microsoft 社のチートシートで登場するのはクラスター分析（k-means 法）だけです。クラスター分析とは、個人や商品などをグループ分けする手法です。同じグループに属する個人や商品などは、似たようなデータの値を持ちます。このグループをクラスターと呼びます（図2－5－10）。

図 2-5-10　都道府県のクラスタリング例（九州地方８県）

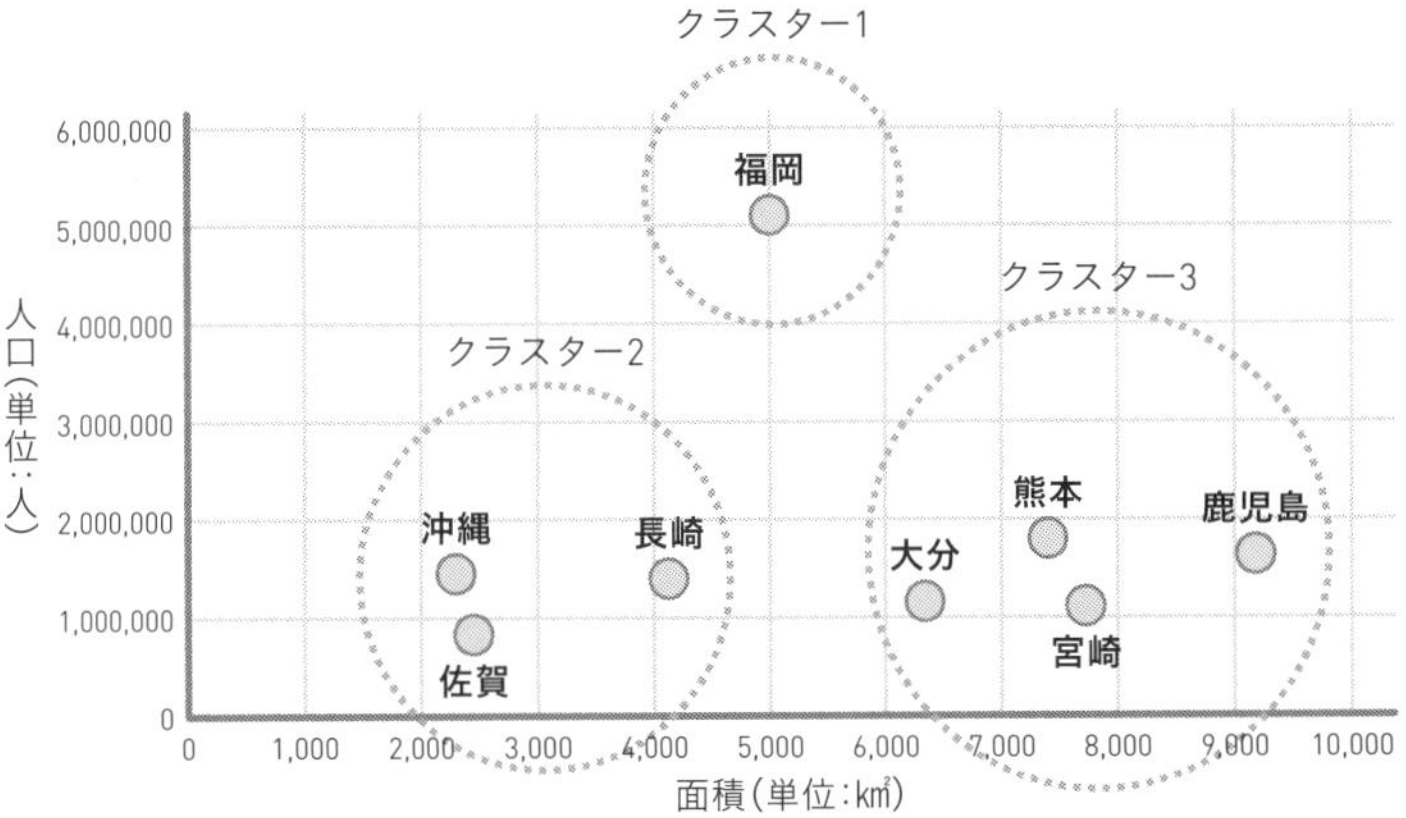

Microsoft 社のチートシートに登場しない、構造を理解するためのモデルは、他にもたくさんあります。

例えば、似たような傾向を持つデータ項目（変数）を集約する主成分分析や、データ項目間（変数間）の構造を描くグラフィカルモデリングなどです（図２－５－11）。

このように、チートシートに掲載されていないモデルも多く、正直十分とは思えません。しかし、どのような数理モデルがあるのか、という感覚は掴んでいただけたと思います。

もうひとつ有名なチートシートがあります。物足りない方は、こちらを参考に

図 2-5-11　データ項目間（変数間）の関係を描写するグラフィカルモデリング

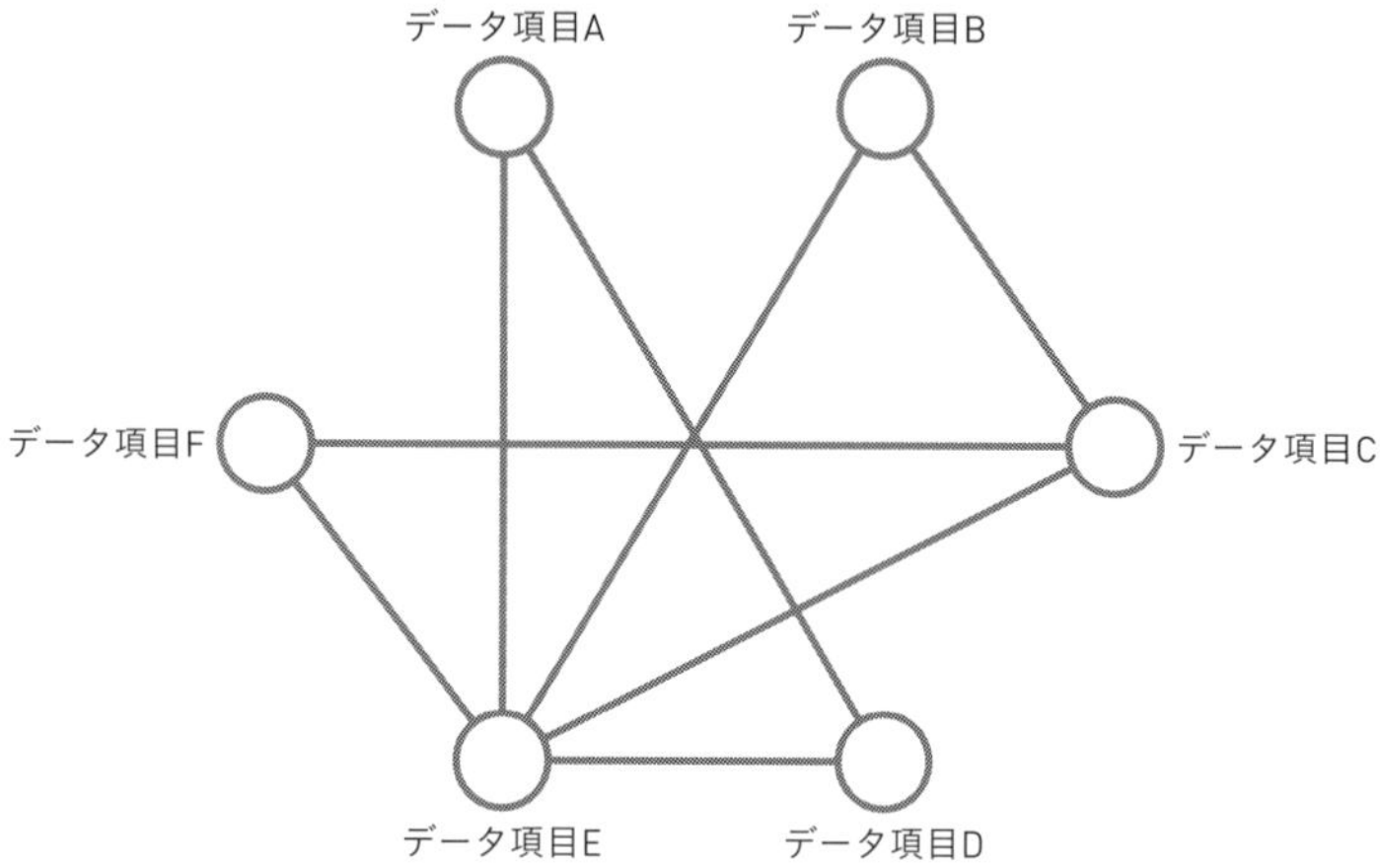

するのもいいでしょう。Python《パイソン》というプログラミング言語の機械学習のオープンソースライブラリscikit-learn のチートシートです（図2－5－12）。

詳しくは説明しませんがMicrosoft社のチートシートは「用途」でモデルを選択する感じになっていたのに対し、Python のscikit-learn のチートシートは「データの状態」でモデルを選択するようになっています。

ちなみにPython は無料で使えるのが魅力で、データサイエンテ

図 2-5-12　Python の scikit-learn のチートシート

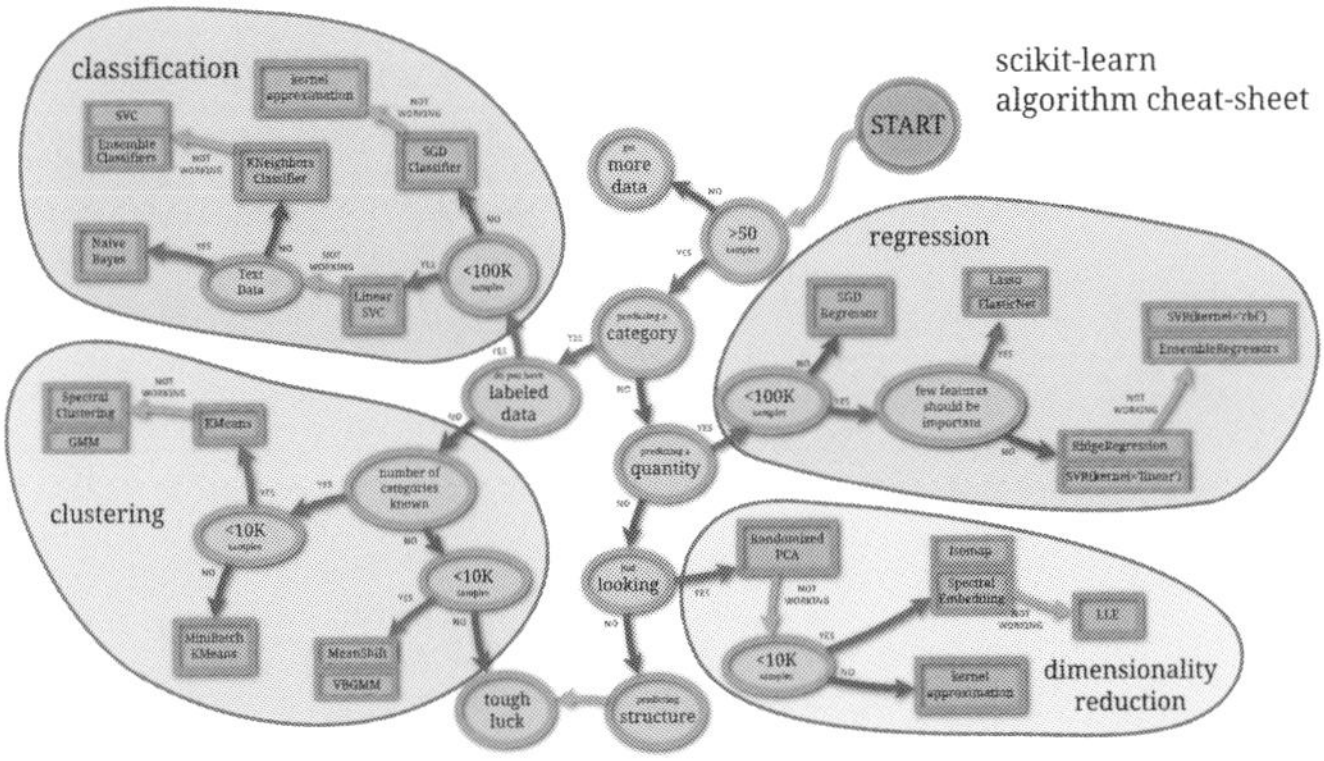

出典：scikit-learn："scikit-learn algorithm cheat-sheet"
（https://scikit-learn.org/stable/tutorial/machine_learning_map/）「Scikit-learn: Machine Learning in Python, Pedregosa et al., JMLR 12, pp. 2825-2830, 2011.）」〈2019 年 7 月閲覧〉

ィストが好んで利用するソフトウェアのひとつです。他には、Rもデータサイエンティストが好んで利用するツールで、こちらも無料で使えます。

Pythonは機械学習、Rは統計解析というイメージがありますが、最近ではできることも、構築できるモデルも似てきています。エンジニア寄りの方はPythonが馴染みやすいかと思います。アナリスト寄りの方はRが馴染みやすいかと思います。

フリーツールが不安な方は、SPSやSASなどの有料の分析用ソフトウェアがあります。安く抑えたい方は、Stataがお勧めです。Stataを扱うには、PythonやRを扱う程度のスキルが必要です。

Chapter 3

データサイエンスの始め方とそのプチ事例

3-1 データサイエンスは小さく始め、大きく波及させろ

最初からホームランを狙うのはハイリスクです。データサイエンスを実践する上で、上手くいきやすいのは、できるだけコンパクト（できれば自部署＋関連部署が1～2つだけ）に小さく始め、その成果をもとに大きく波及させることです（図3－1－1）。

小さく始めると、軌道修正も簡単ですし、失敗の影響も少なく、何度でもチャレンジできます。そして、実績も出やすいので、関わった人に早い段階で自信を与えてくれます。何よりも、小さくても実績は実績です。エライ人や関連部署などの理解や協力を得るのに、この実績が使え、大きく波及する手助けになります。

図 3-1-1　小さく始め、大きく波及するイメージ

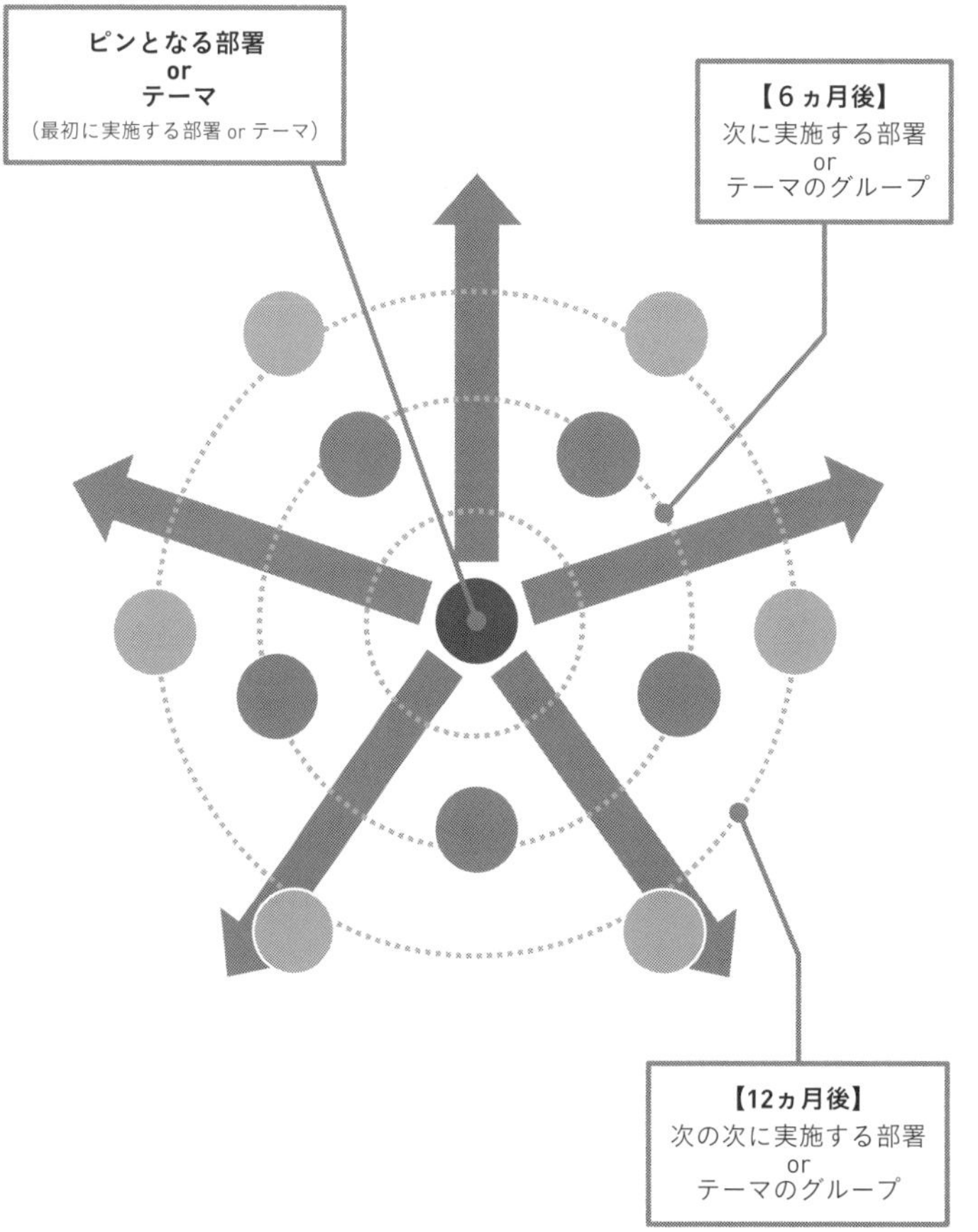

小さく始めるとき、大きく以下の3つの進化軸で考えるといいでしょう（図3－1－2）。

□軸1（テーマの大きさ）：テーマ設定を小さくする（例：ある限定されたテーマ）
□軸2（影響範囲）：影響範囲を小さくする（例：数人レベル）
□軸3（モデリング）：入手しやすいデータや簡単なデータサイエンスのモデリング技術だけで始める（例：昔からある簡単な数理モデルや手法）

軸1の「テーマの大きさ」であれば、世界市場でシェアトップになるとか、データビジネスを創造して新たな収益源を作るとかではなく、まずは、ある事業の既存顧客の離脱を防ぐとか、ある製品の歩留まりを改善するなどです。

軸2の「影響範囲」であれば、すべての販売会社でグローバルに始めるとか、海外を含めたすべての工場で実施するとかではなく、まずは、国内の一部地域の某営業所で実施するとか、国内のある工場のひとつのラインで試験的に実施するなどです。

図 3-1-2　3つの進化軸

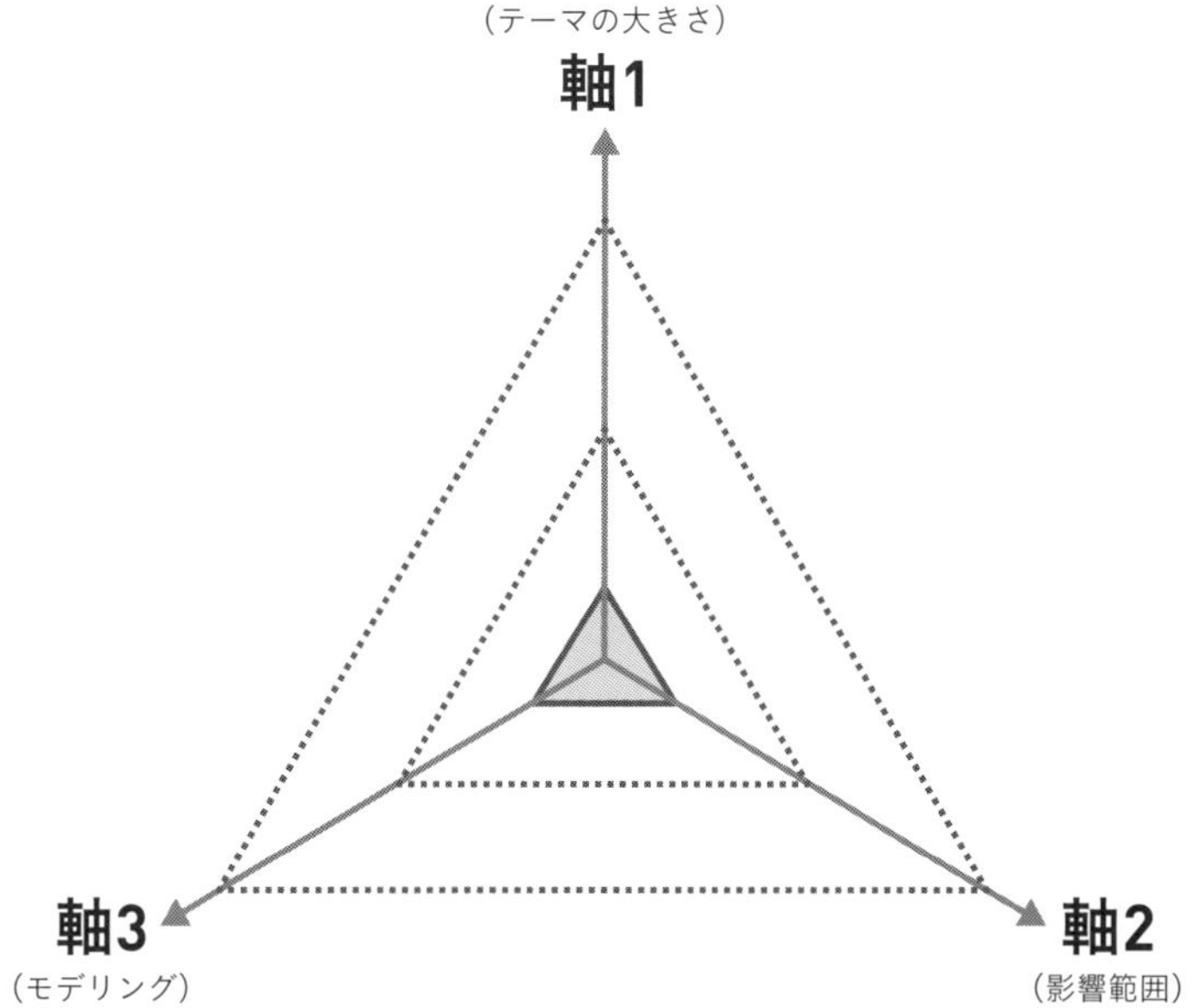

軸3の「モデリング」であれば、データ基盤を整えるために大規模なIT投資をするとか、最近流行りの数理モデルにチャレンジするとかではなく、入手可能なデータだけでやるとか、社内人財で理解可能な数理モデルで実施するとかです。

まずは、テーマそのものを小さく限定し、影響範囲をコントロールできる規模（対面で議論できる規模）に抑え、多大な投資が必要ない程度のデータとデータサイエンスのモデリング技術で、小さく実践してみるということです。

データサイエンスの始め方としては、大きなテーマを1~2つやるのではなく、小さなテーマを10や100やりながら、大きく化けそうなテーマを探していきます。

とりあえず小さく始めると、次のようなことが見えてきます。

□ほとんど成果を生まないであろうテーマ
□小さな成果しか生まないテーマ
□ほどほどの成果なら生みそうなテーマ
□大きな成果が期待できるテーマ

図 3-1-3　イチローの年度別打撃成績

元プロ野球選手のイチローはアベレージヒッターのイメージが強いが、ホームランもそれなりに打っている

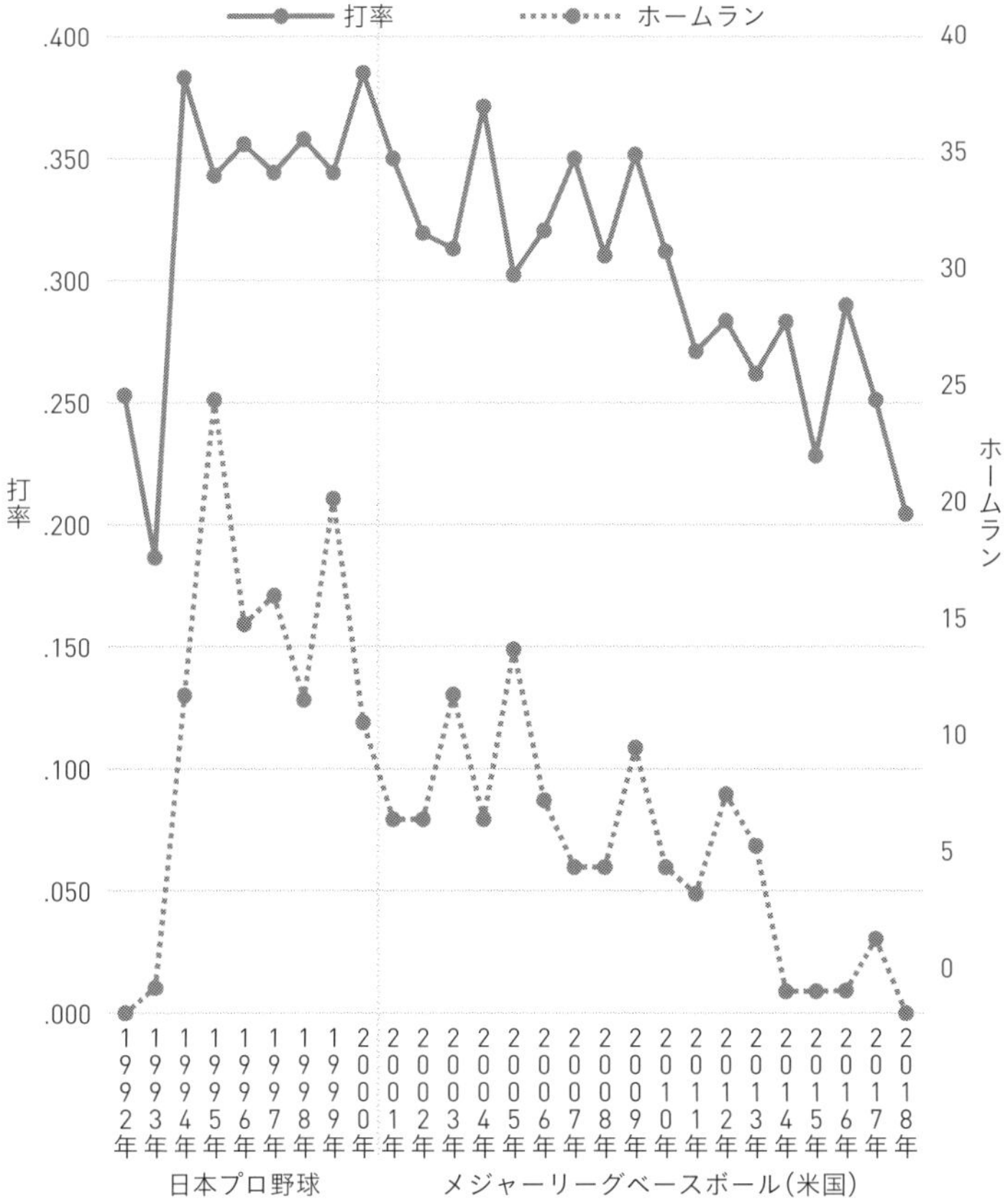

実際やってみると分かりますが、大きな成果を生むテーマは、たまたまそうなったという感じです。

当然ですが、大きな成果を狙うよりも、小さな成果を狙う方が上手くいく確率は高くなります。野球で例えるなら、ホームランを打つパワーヒッターではなく、こつこつヒットを打つアベレージヒッターのイメージです。

こつこつヒットを打っていれば、そのうちいくつかはホームランになります。元野球選手のイチローは、アベレージヒッターのイメージが高いですが、打撃成績を見てみるとホームランもそれなりに打っていることが分かります（図3-1-3）。

小さな成果でも、費用対効果が見合えばそれはそれで成功です。〝塵も積もれば山となる〟ということで、組織全体でみるとそれなりの成果になります。まさに、二宮尊《にのみやそん》徳《とく》（1787〜1856）の〝積小為大《せきしょういだい》〟です（図3-1-4）。

図 3-1-4　塵も積もれば山となる

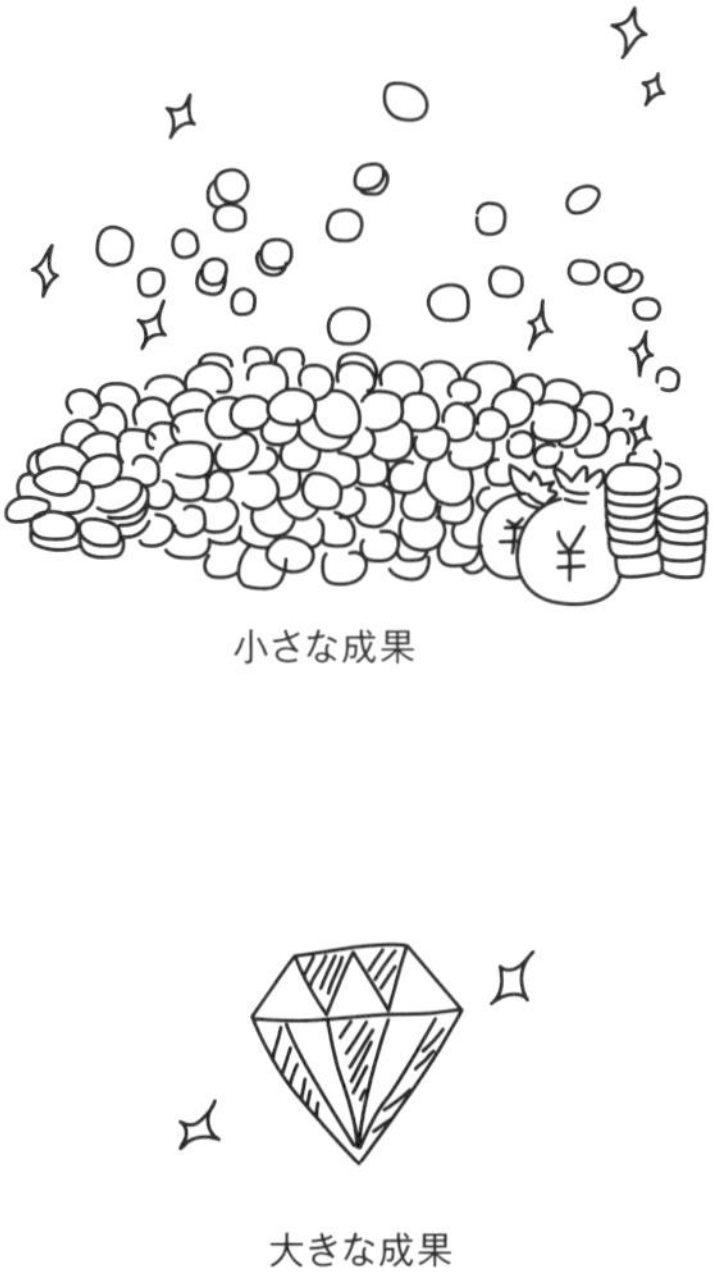

3-2 小さく始めたデータサイエンスのプチ事例

小さく始めたデータサイエンスのプチ事例をいくつか紹介します（図3－2－1）。「はじめに」でも言いましたが、特に本項では、ところどころ聞き慣れない数理モデルが登場しますが、理解の妨げになる場合、無理せず読み飛ばしてください。

紹介するプチ事例は、どれも3ヵ月以内に成果を出したものです。

3ヵ月以上かかりそうなテーマも、3ヵ月ぐらいに細切れに分割して成果を定義し、定期的に成果を出し続けるように取り組むといいでしょう。

あくまでも経験則ですが、2～3ヵ月サイクルぐらいがテンポよく進みます。もちろん1ヵ月サイクルでも問題はありませんが、半年サイクルなど期間が長くなると中だるみが生じ良くありません。

図3-2-1 紹介するプチ事例一覧

No.	事例	ドメイン	データ分析/数理モデル
1	どのくらい訪問すればいいの？	B to B(法人相手)ビジネスを行っている食品企業の離脱(取引量0)阻止活動	既存顧客の訪問回数の閾値／離脱予測
2	儲かりそうな見込み顧客は？	某IT系企業の新規顧客開拓活動	見込み顧客の受注率／受注金額／LTV予測
3	この記入おかしくない？	情報通信業の決済情報処理サービス事業の契約審査シートのチェック工程	顧客情報入力時の記入誤り検知／誤り箇所レコメンド
4	どう設計すればいいの？	電気メーカーの主力製品のある部品の開発業務	開発時の品質特性を最大化する最適設計
5	良品を増やせる？	医療機器メーカーのある精密機器のある部品の生産	生産工程のチョコ停／ドカ停予兆検知

事例１

どのくらい訪問すればいいの？（既存顧客の訪問回数の閾値／離脱予測）

●当時の置かれた状況

某食品企業のＢtoＢ（法人相手）ビジネスの例です。

飽和した市場を数社で奪い合う状況になっていました。営業活動のメインは、新規開拓というよりも既存顧客の維持拡大で、至上命題は離脱（取引量０）阻止でした。

「営業のデジタル化」の名のもと、営業推進部が主導する形で、営業活動に関するデータの蓄積と活用を実現するＩＴ基盤が強化されました。さらに、社内データだけでなく市場データ（ＰＯＳデータ）などの外部データも購入され、データドリブン（データに基づいて判断・アクションをとること）な営業に向けた動きが活発になされました。

ただ、活発にといっても、現場の営業担当者が小難しいデータ分析をしたり、積極的にデータを活用した営業活動をしたりしたわけではありません。営業推進部が、他社のコンサルティング会社と一緒に、ＡＩというキーワードを用いた挑戦的かつ壮大なデータサイエンスのテーマに挑んだ状況でした。

このような取り組みは、残念ながら営業活動そのものに対し大きなインパクトを与えてはいませんでした。

営業担当者からみれば、営業のデジタル化によって嬉しいことはあまりなく、活動履歴をシステムに入力するなど、面倒になっただけでした。

ＡＩというキーワードを用いた挑戦的かつ壮大なテーマも、現場からは理解が得られず、会社のＰＲ（例：「○○社、ＡＩを活用し営業活動を効率化」）に使われ、株価を一時的に上げたぐらいでした。

ワクワクする挑戦的かつ壮大なテーマもいいですが、現場に受け入れられ活用されなければ無意味です。まずは、小さな成果でもいいので、地に足の着いたデータサイエンスを目指すべきでしょう。

心理学の世界に「ジョハリの窓」というものがあります。ヨコ軸に「自己について『自分が知っている』と『自分が知らない』」をとり、タテ軸に「自己について『他人が知っている』と『他人が知らない』」をとることで、次のような4つの窓を作ったものです（図3－2－2）。

□開放の窓（open self）：自分も他人も知っている部分

□盲点の窓（blind self）：自分は気がついていないものの、他人は知っている部分

□秘密の窓（hidden self）：自分は知っているが、他人には知られていない部分

□未知の窓（unknown self）：自分も他人も気づいていない部分

ジョハリの窓は、データサイエンスを小さく始めるときの、テーマ選定にも使えます。例えば「自己」のところを「ドメイン（活用現場）」、「自分」を「現場の人」、「他人」を「データ」として考えると次のようになります（図3－2－3）。

図 3-2-2　ジョハリの窓

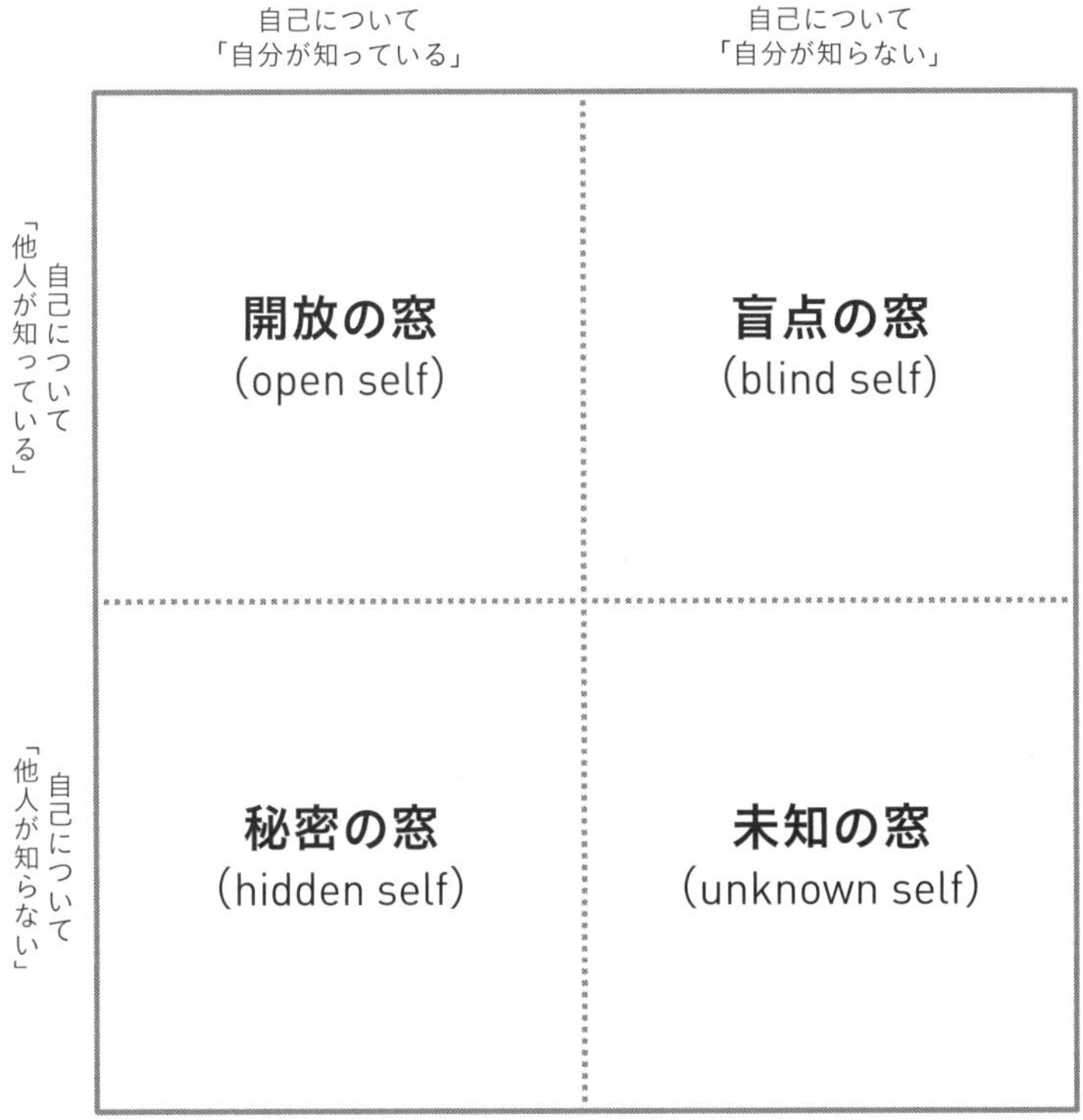
自己について
「自分が知っている」
自己について
「自分が知らない」
自己について
「他人が知っている」
自己について
「他人が知らない」
開放の窓
(open self)
盲点の窓
(blind self)
秘密の窓
(hidden self)
未知の窓
(unknown self)

図 3-2-3 「ジョハリの窓」風テーマ選び

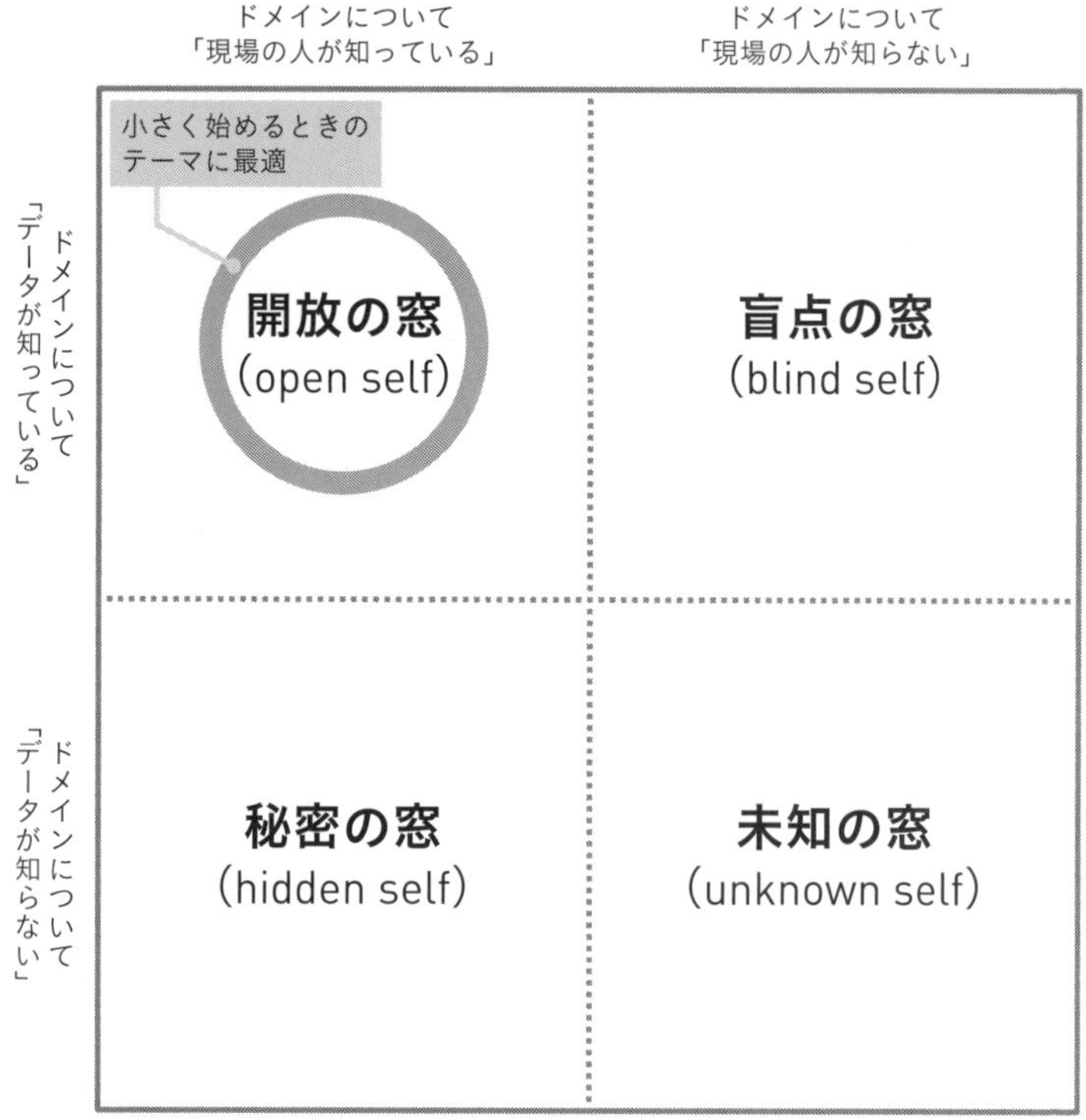

□開放の窓（open self）：現場の人もデータも知っている部分
□盲点の窓（blind self）：現場の人は気がついていないものの、データは知っている部分
□秘密の窓（hidden self）：現場の人は知っているが、データには知られていない部分
□未知の窓（unknown self）：現場の人もデータも気づいていない部分

このとき、「データが知っている」とは、「データを集計したり分析をしたりすることで分かる」といった意味合いになります。

では、小さく始めるとき、どの窓を狙えばいいのでしょうか。

「秘密の窓」と「未知の窓」は、データをいくら分析しても分からない窓です。現状のデータサイエンス技術ではできないので、別の窓を狙います。

残りは、「開放の窓」と「盲点の窓」です。「盲点の窓」は、現場の営業担当者が気づいていないことをデータから導き出すため、一見、良さそうに思えます。しかし、データ活用に対し懐疑的もしくは非協力的な場合、データから導き出された結果を信じてもらえません。現場の感覚と違うからです。そのため、先ずデータを活用することに対する信頼を獲得する必要があります。

そうすると、残るのは「開放の窓」になります。現場の営業担当者が知っていることを、データで確認するかのようになります。

「開放の窓」に該当するテーマから始めることで、現場からの信頼を得ることができるでしょう。なぜならば、現場の感覚と合致するからです。

しかし、下手をすると「あたりまえだろ！」と言われてしまうかもしれません。そこで、ひと工夫必要になります。現場の営業担当者がなんとなく知っていることを、ズバッと数字で示し、かつ、プラスアルファの情報を提供するのです。

●小さく始めたこと

この食品会社がジョハリの窓の「開放の窓」の中から選んだのが、「営業の訪問回数と顧客離脱の関係性に関するテーマ」です。

離脱阻止に訪問回数などが効くであろうことは、当然ながら現場の営業は分かっていました。しかし、どの程度訪問すればいいのかまでは分かっていませんでした。そこをズバッと数字で示せると良さそうです。

最適な訪問回数を数字で示すことで、訪問し過ぎによる過剰な営業工数の発生や、逆に訪問しなさ過ぎによる離脱を、ある程度は避けることができそうです。

そこで、訪問回数の閾値、つまり離脱されない程度の適正な訪問回数を、データを使い割り出すことになりました（図3－2－4）。

訪問回数の閾値を算出するために、決定木《けっていぎ》（ディシジョン・ツリー＝枝分かれするように段階的にデータを分割し、分析結果を出力すること）を構築しました。詳細は説明しませんが、この手法は非常に単純で、分かりやすいのが特徴です（図3－2－5）。

図 3-2-4　訪問回数の閾値イメージ

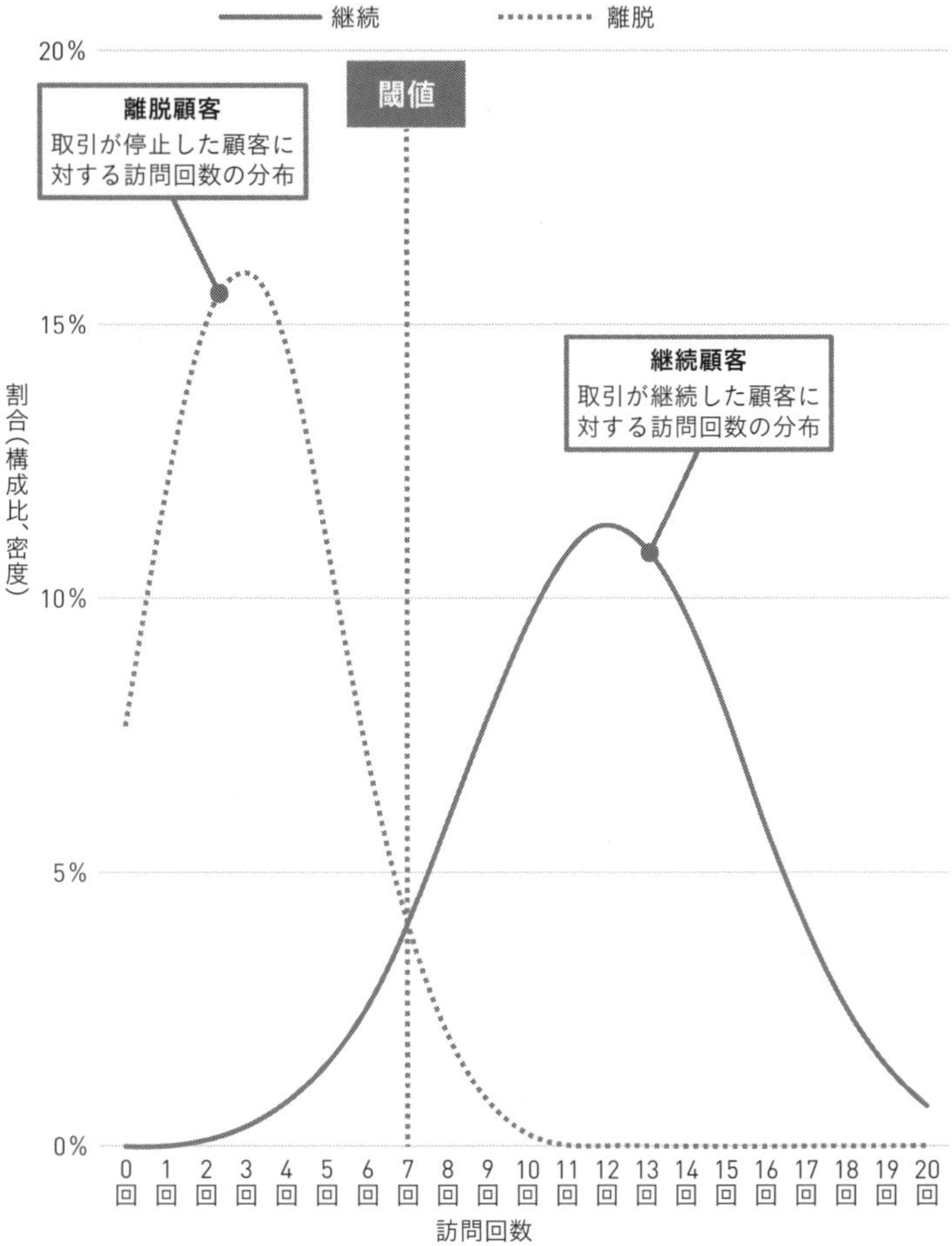

図 3-2-5　訪問回数の閾値を算出する決定木（ディシジョン・ツリー）例

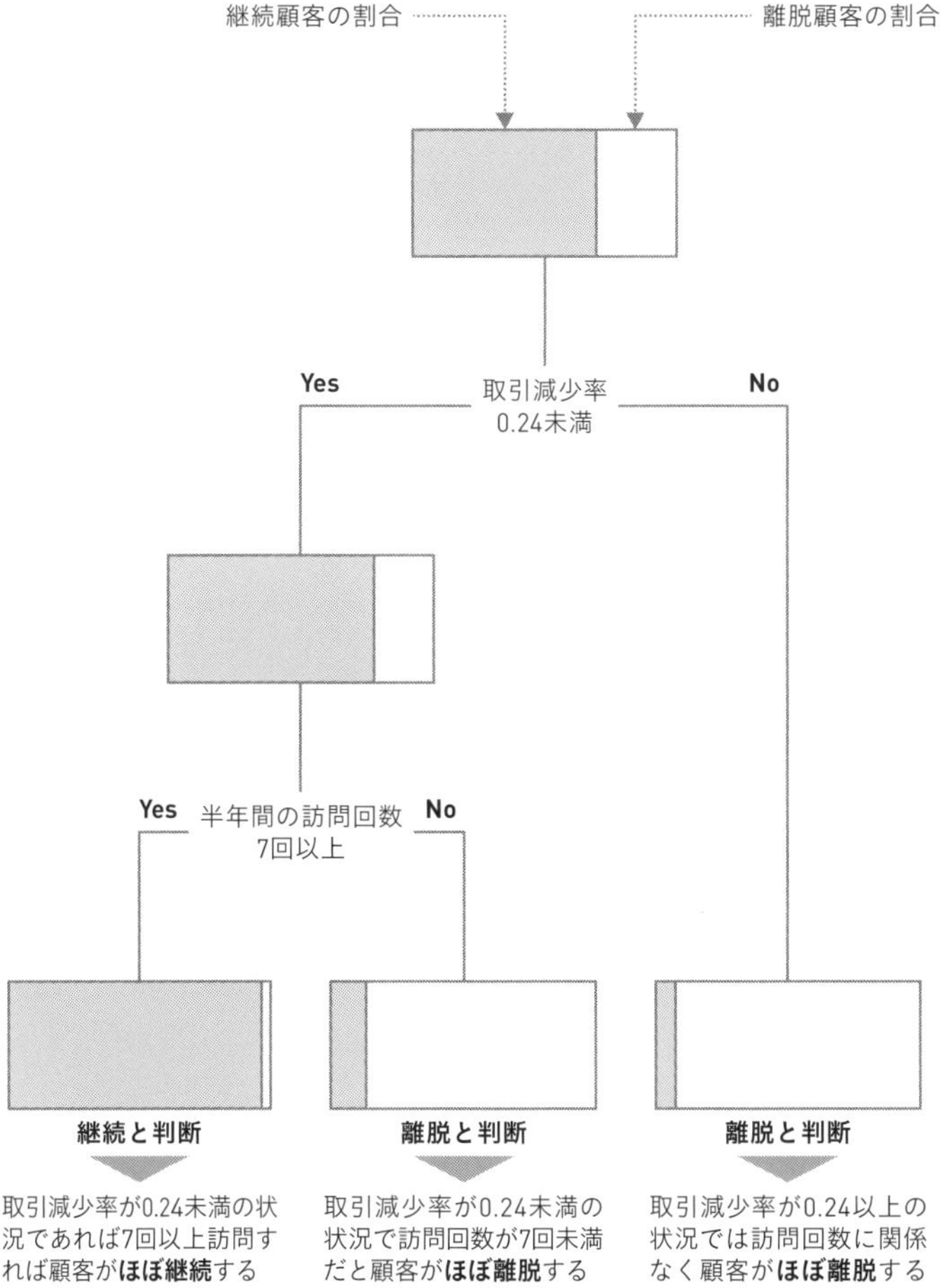
継続顧客の割合
離脱顧客の割合
Yes
取引減少率
0.24未満
No
Yes
半年間の訪問回数
7回以上
No
継続と判断
離脱と判断
離脱と判断
取引減少率が0.24未満の状況であれば7回以上訪問すれば顧客が**ほぼ継続**する
取引減少率が0.24未満の状況で訪問回数が7回未満だと顧客が**ほぼ離脱**する
取引減少率が0.24以上の状況では訪問回数に関係なく顧客が**ほぼ離脱**する

利用したデータは「継続・離脱データ」と「訪問回数」「取引量」の3つだけです。他には、季節性（例：月単位の周期性など）などの時系列性を表現したデータを付け加えています。目的変数を「継続・離脱データ」、説明変数を「訪問回数」と「取引量」「時系列性」から作成し、「継続 or 離脱」を予測するモデル（質を予測するモデル）を構築しました（図3－2－6）。先ほどの決定木とともに、以下の追加情報を担当顧客ごとに毎月作成し営業サイドに提供しました。

□現状と閾値とのギャップ（あとどの程度訪問すればいいのか？）

□追加訪問回数別の離脱確率

- **+0回訪問時（これ以上訪問しない場合）の離脱確率**
- **+1回訪問時の離脱確率**
- **+2回訪問時の離脱確率**

…

これらの情報を見て、現場の営業がどうするかを判断し、アクションを取ります。

図3-2-6 事例で利用した「継続 or 離脱」を予測する「質を予測するモデル」

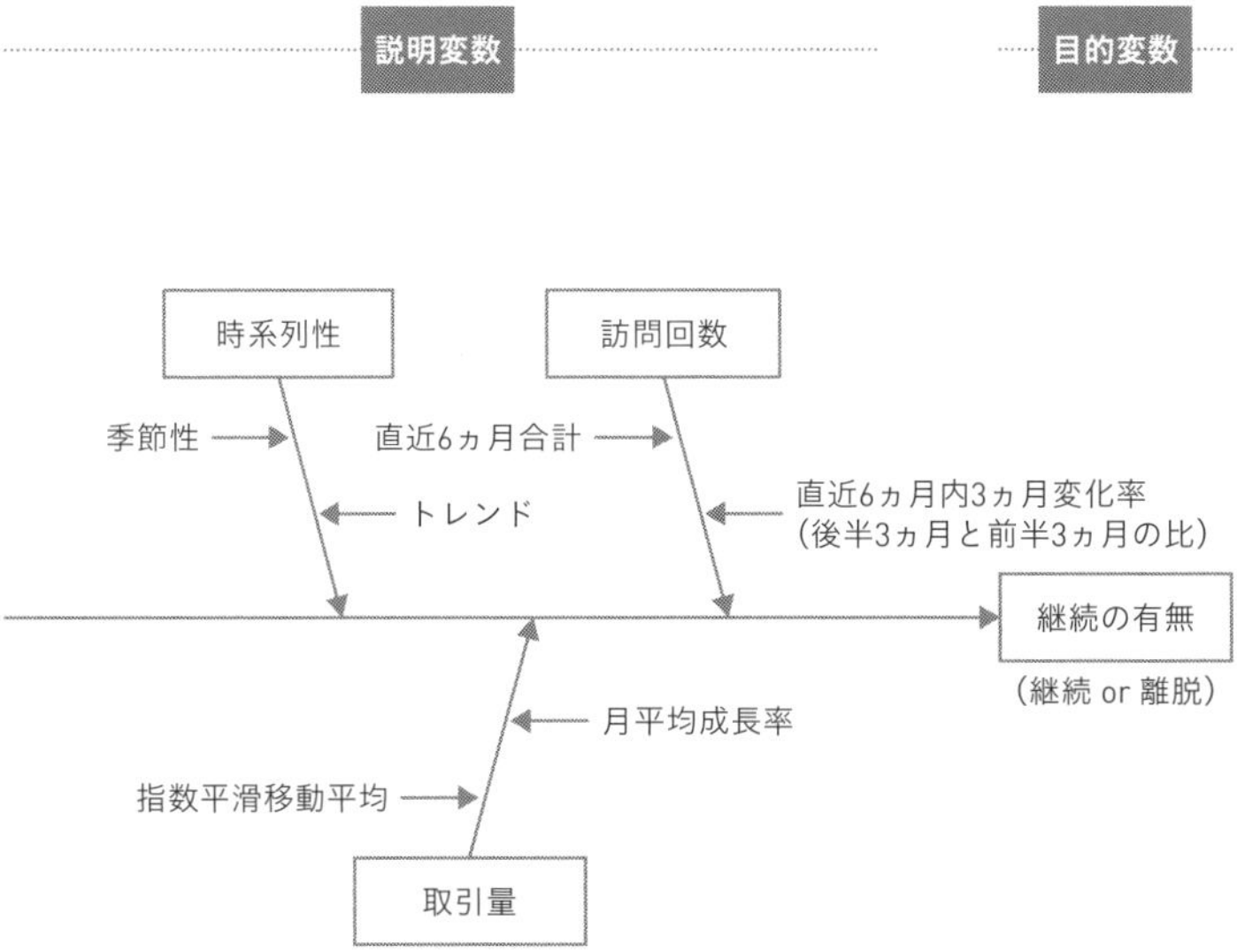

※月平均成長率はCMGR(Compound Monthly Growth Rate)のことで、マイナスの場合には取引減少率を意味する

●その後

最初は、北関東エリアの営業部隊で試しました。顧客も比較的大口の顧客に絞りました。その後、エリアを全国に広げました。エリアを広げるとともに、訪問回数などを割り出した数理モデルの見直しも行いました。

さらにその後、テーマを離反阻止からクロスセリング（関連する別の商品・サービスを組み合わせ販売すること）、アップセリング（顧客が検討するものよりもランクの高い商品・サービスを販売すること）まで広げました。クロスセリング、アップセリングにより、既存顧客の取引金額が拡大します。つまり、テーマを「離脱阻止」から「LTV（顧客生涯価値）向上」へ広げたのです。

ちなみにLTVとは、顧客が生涯を通じて企業にもたらす売上げや利益のことで、例えば売上ベースのLTVであれば「LTV＝平均年間取引金額×取引継続年数」と表現されます。利益ベースのLTVは、売上ベースのLTVからコストを引くことで求められます。つまり、LTVをテーマにすると、離脱阻止だけでなく取引拡大も併せて考えていかなくてはならなくなり、テーマとして離脱阻止よりも大きくなります。

事例2

儲かりそうな見込み顧客は？（見込み顧客の受注率／受注金額／ＬＴＶ予測）

●当時の置かれた状況

某ＩＴ系企業です。

デジタルトランスフォーメーションの名のもとに、新たに大規模なＩＴ投資が実施されました。その一環として、専門知識やスキルがなくても現場の営業担当者が社内に蓄積された大量のデータを自由に活用できるようにとＢＩツールが導入され、さらにｉＰａｄを支給して営業担当者のＩＴ武装が進められました。しかし、営業の現場では何も変わらず、ＢＩツールを使うことはあまりなく、相変わらずエクセルを使った営業管理やデータ分析がなされていました。

そのような中、新設のビッグデータ活用推進部（仮称）では、営業生産性を高めるために必要と思われる「情報」（データ分析の結果や予測値など）を、ＢＩツールを通して現場の営業担当者へ提供するようになりました。確かに提供された情報を十分に活かせば、大きく営業生産性を高められる可能性があります。しかし、ちょっとした改善ではなく、従来の営業活動を大きく変える変革を伴うものでした。

営業担当者の多くが、あまりBIツールを使っていなかったこともあり、これら提供された情報を活用する機会がありませんでした。そこで、現場の営業担当者向けに勉強会を実施しました。BIツールの使い方やその情報へのアクセスの仕方、さらにBIツール上でグラフ化したり集計をしたりする勉強会です。その勉強会は散々なもので、居眠りする人さえいました。要するに、興味を持ってもらえませんでした。当然ながら、その情報を活用する営業担当者はその後もあまりおらず、従来の営業活動のスタイルを変えることはできませんでした。

初めてデータサイエンスを小さく始めるときに大切なのは、「ニーズ（needs）」より「ウォンツ（wants)」、「変革（change)」よりも「改善（improvement)」です。「ニーズ」は必要なモノ、「ウォンツ」は欲しいモノです。「変革」は現状否定を前提にした創造、「改善」は現状肯定を前提にした改良です。現場が見向きもしなかったときは、この2つの軸（ニーズ・ウォンツ軸×変革・改善軸）で、先ほど話しました「ジョハリの窓」風テーマ選びの「開放の窓」や「盲目の窓」へのテーマを整理し、テーマ選定するといいでしょう（図3－2－7）。

図 3-2-7　最初は現状肯定を前提に現場が喜びそうなテーマを選定

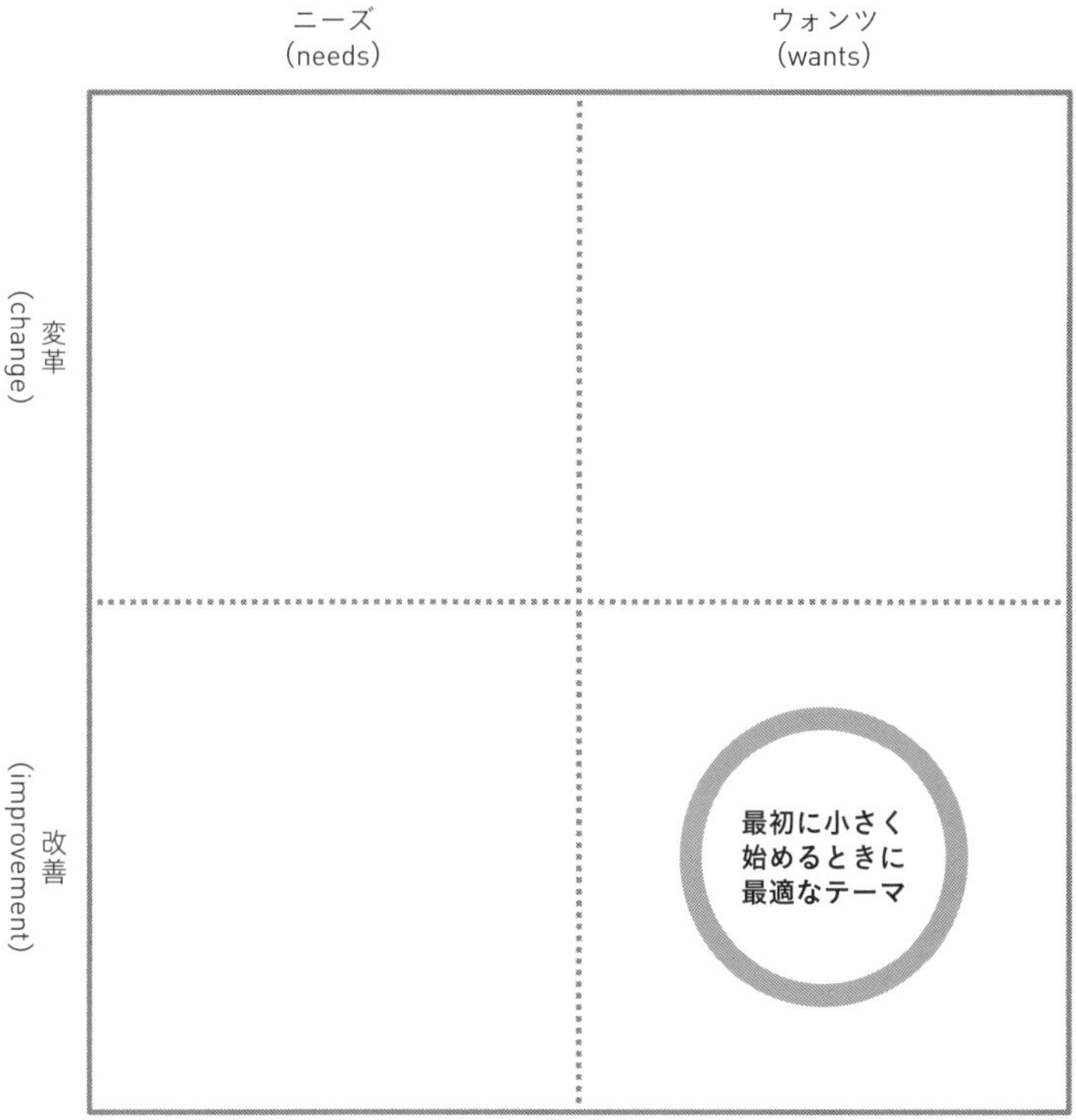

初めて小さく始めるなら、当然ながら「ウォンツかつ改善」の領域のテーマを選びます。現状肯定を前提に、現場が喜びそうなテーマを選びます。データサイエンスを身近に感じてもらい、懐疑心のような気持ちを和らげるためです。

新設のビッグデータ活用推進部（仮称）の失敗は、現状否定の変革を推進するのに必要な情報（しかも現場が望んでいないモノ）を提供することから始めたことです。現状を否定された上に、望んでもいないモノを押しつけられて喜ぶ人はいないでしょう。

さらに、「どのように営業活動を変えればいいのかは現場で考えろ」という丸投げスタンスです。BIツールやiPadを提供し、現場にとっては意味不明な情報を一方的に提供しただけで変革が起こるようなら、誰も苦労はしません。

●小さく始めたこと

そこで、営業担当者へのヒアリングから始めました。その結果、次のようなことが分かりました。

□新規顧客獲得のための営業時、見込み顧客の3ヵ月内の受注率や、受注時の受注

金額、その後どのくらいの収益（LTV）をもたらしてくれるのかなどが分かると嬉しい

□情報は毎週更新され、どのような営業活動をすべきかのレコメンドがあるのがベスト

営業中のリスト（見込み顧客）ごとに、以下の3つの数字を計算し、BIツールを通して営業担当者に提供することになりました。

□受注確率の予測値

□受注金額の予測値

□売上ベースLTVの予測値

さらに、受注確率を上げる「営業活動レコメンド・ランキング」を併せて提示することで、営業活動の参考にしてもらえるようにしました（図3－2－8）。

図 3-2-8　提供情報例

■受注確率の予測値／受注金額の予測値／売上ベースLTVの予測値など

顧客	受注率の予測値		
	先々月末	先月末	変化量
(株)ABC	14%	21%	+7ポイント
(株)DEF	**8%**	**90%**	**+82ポイント**
XYZ(株)	32%	35%	+3ポイント
……			

【今月】
先月○○によって
受注率が大幅に増加した

次の打ち手は？

■営業活動レコメンド・ランキング

推奨営業活動	推奨度
エライ人のご挨拶 (メールでアポ取り後に訪問)	
無料勉強会の提案 (メールでアポ取り後に訪問)	
状況確認 (電話)	
……	

営業担当者は、これらの数字やレコメンドを、自身の営業活動の参考にするだけです。これらを見てどのような営業活動を実施するのかは、営業担当者次第です。

データサイエンスのもとになるデータは、営業活動や見込み顧客の一部分の情報を記録したものに過ぎません。データですべてを語ることはできません。その語ることのできない部分は、人間が補完し判断する必要があります。

●その後

小さく始めたことについて、もう少しお話しします。

当初、受注に関するデータは十分にあったのですが、営業活動に関するデータ（訪問、電話連絡、メール連絡など）が不十分でした。そこで、あるエリアの小さな支社に協力を得て、営業活動に関するデータ（訪問、電話連絡、メール連絡など）を蓄積するところから始めました。

最初に構築した受注確度や受注金額などを予測する数理モデルは、企業属性や商材属性などをもとにした非常に粗いものでした。

営業活動に関するデータ（訪問、電話連絡、メール連絡など）がそれなりに溜まった段階で、予測モデルを進化させていきました。さらに、十分データが蓄積された段階で、「営業活動レコメンド・ランキング」を作り提供するようになりました。

このデータサイエンスの進化の過程を、現場の若手営業担当者が非常に面白がってくれました。そのことが後々大きく効いてきます。この小さい支社から他の支社に異動した営業担当者を軸に、異動先の支社で同様の取り組みを実施し波及することができたからです。

データの蓄積から始めたため、非常に息の長いものでしたが、着実に成果は上がっていきました。現在は、ＧＰＳの位置情報を活用し、より営業効率を高めるデータサイエンスへ進化しています。

事例3

この記入おかしくない？（顧客情報入力時の記入誤り検知／誤り箇所レコメンド）

●当時の置かれた状況

情報通信業の決済情報処理サービス事業です。

営業活動のひとつに、決済サービスを利用する小売店（加盟店）を増やすための活動があります。営業担当者は、単に加盟への申し込みを促すだけではありません。加盟申込書や添付資料、ヒアリングなどをもとに、契約審査のためのシート（当時はエクセルファイル）へ記載する必要がありました。しかし、営業担当者の記入に間違いが度々あるため、チェックする工程が発生していました。さらに、チェック漏れもあるため、チェック工程も1回ではなく複数回あります。

よくある記入間違いは、例えば「資本金300円で売上1兆円」や「創業3000年のペットショップ」「飲食業の経営者の年齢が4歳」といった、記入された内容（データ）がアンバランスな状態のものでした。

当然ですが、このような記入間違いが疑われる箇所が発見されるたびに、「手戻り」が発生します。手戻りとは、営業担当者に確認と修正の依頼がなされ、営業担当者が小売店などに確認し、必要があれば修正し、そして再度チェック工程が一から発生することです。本当に資本金が３００円なのか、売上げの桁が間違っていないのか、年月日の記載は本当に正しいのかなどを確認し修正する必要があります。

データサイエンスを初めて小さく始めるときは、「ウォンツかつ改善」のテーマだから大丈夫というわけでもありません。小さな改善であっても、いきなり痛みが伴うと当然ながら拒否反応が返ってくることがあります。拒否されたら何も進みません。強制力を働かせても、表面上の協力で終わってしまいます。「ウォンツかつ改善」へのテーマなのに上手くいかない場合、「痛み」ではなく「楽になる」ということに焦点を当てるようにしましょう。

さらに、最初はメリットの公平感も重要です。メリットとはデータサイエンスによるメリットです。全体最適を積極的に犠牲にしてでも、個々の部署でメリットが感じられるようにすることです。

図3-2-9 最初は多くの関係者がメリットを甘受できるテーマを選定

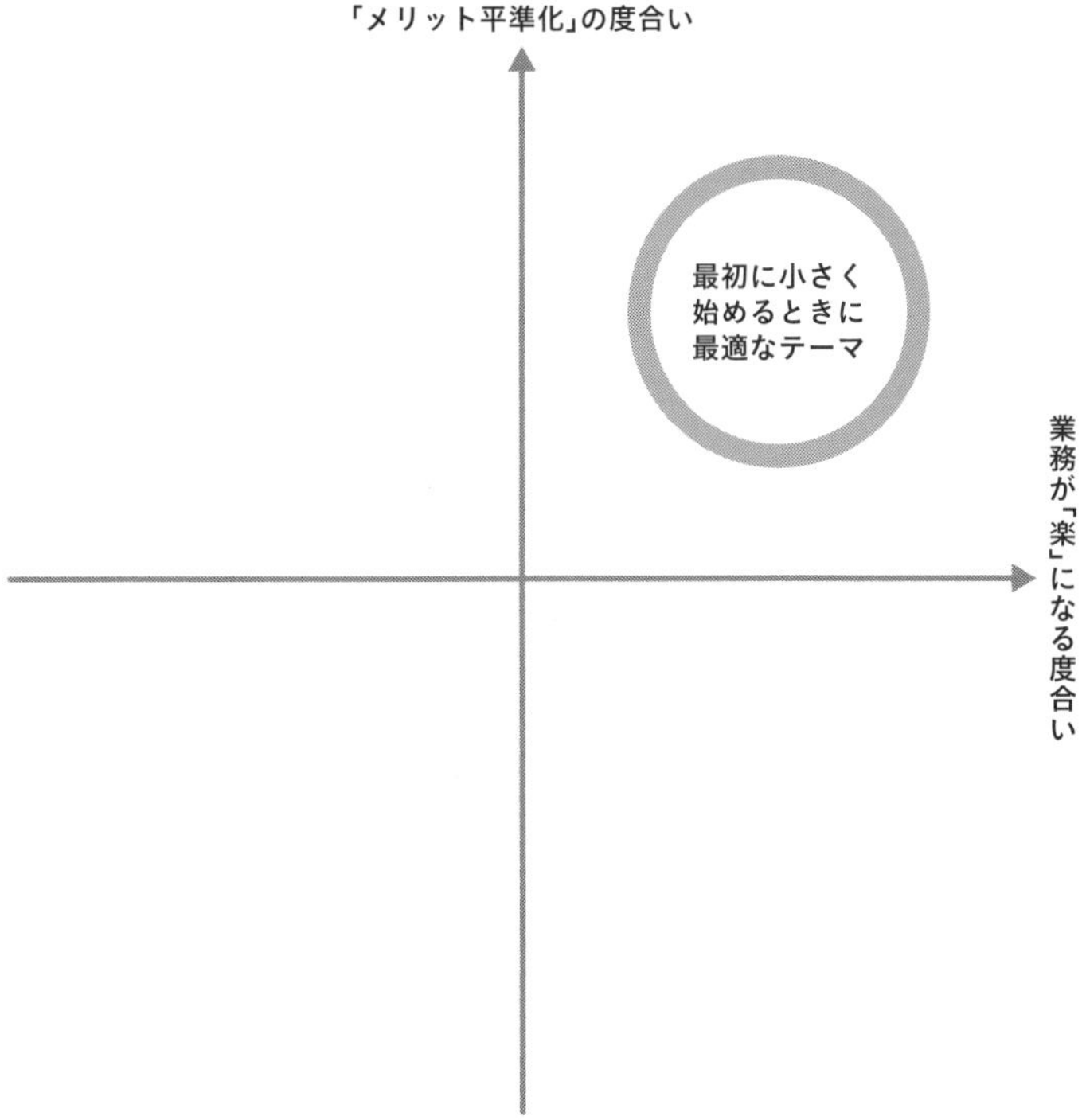

例えば、ある部署にはメリットはあるが、ある部署にはメリットがない。メリットがないどころか痛みを伴う。そんなときに、「全体で考えると大きなメリットになるから、メリットのない部署は痛みだけ受け入れてくれ」では上手くいきません。総論賛成各論反対みたいなことになり、思うように進まないことでしょう。

初めて小さく始めるとき、2つの軸（「楽」軸×「メリット平準化」軸）で整理し、テーマ選定するといいでしょう（図3－2－9）。小さく始めるとき、今までの業務ができるだけ楽になり、できるだけ多くの関係者がメリットを感じられるテーマを選びます。

●小さく始めたこと

多くの関係者を悩ませていたのは、シートの「チェックに費やされる時間」と、記入間違いの恐れのある箇所が発見されたときに発生する手戻りです。

理想は、営業パーソンがシートへ記入中に、コンピュータ上で記入間違いの可能性と、どのようなアクションを取るべきかレコメンドが表示され、営業担当者がその場で修正、もしくは小売店へ追加情報などの提供をしてもらい対処することです。しかし、いきなりそのようなシステムを実現するのは予算上難しそうであったため、営業担当者が記入したシートを最初にチェックする工程で、記入間違いのあるシートを検知し対処することで、予算をかけずに全体のチェック工程の負荷を減らすことになりました。

次の3つの数理モデルを構築し、最初のチェック工程の担当者へ提供することをしました（図3－2－10）。

- □**異常シート検知モデル（異常スコア算出）**
- □**異常項目検知モデル（異常スコア算出）**
- □**異常項目修正案レコメンドモデル**

●その後

最初、「異常シート検知モデル」および「異常項目検知モデル」「異常項目修正案レ

図 3-2-10　3つの数理モデルの関係

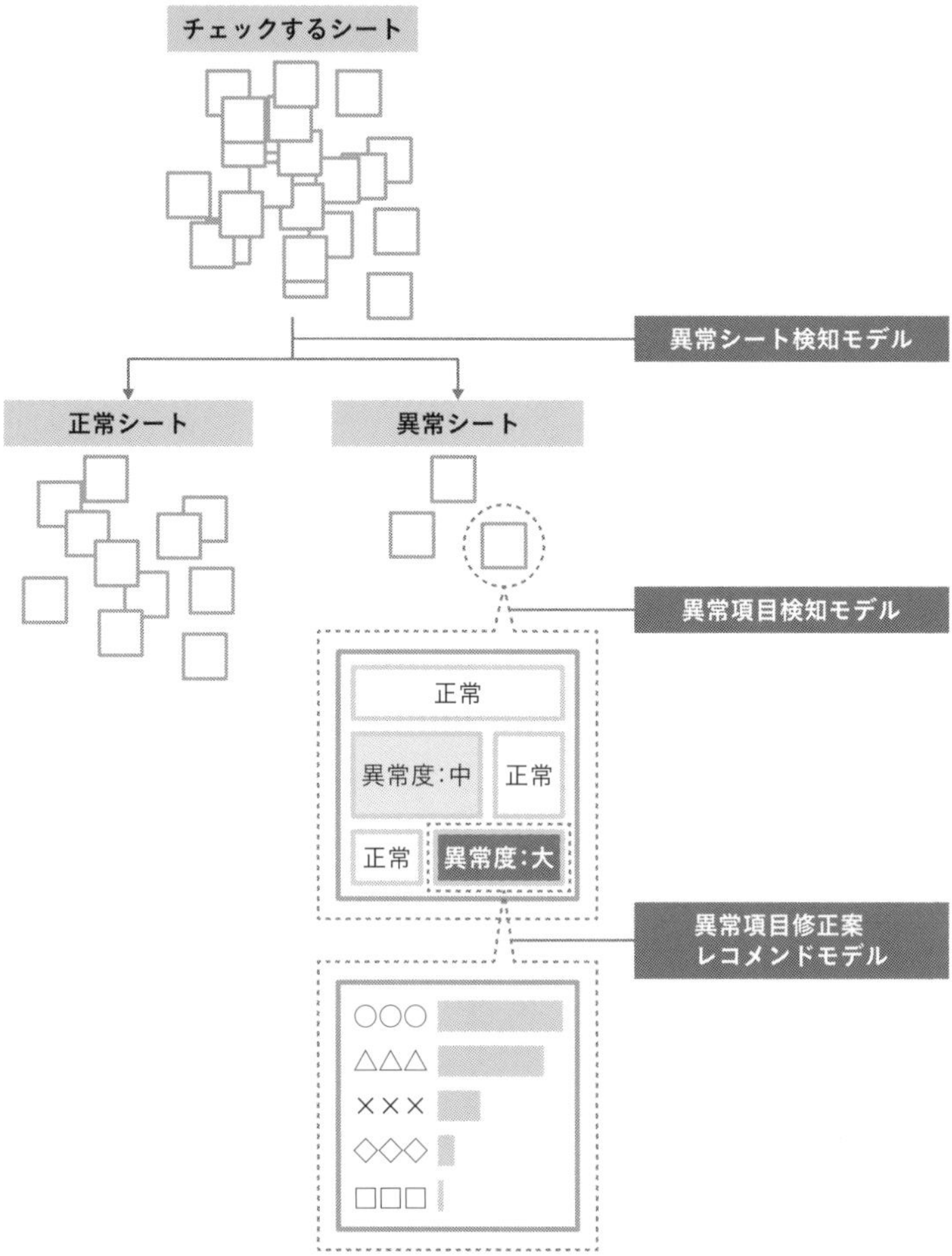

コメンドモデル」は、担当者のPC上だけで動くものでした。チェック工程の担当部署のリーダーが、ソフトウェア・エンジニア出身だったということもあり、Python（汎用のプログラミング言語）というフリーの分析環境上で動かしました。

しかしそれでは他部署の人、とくに営業担当者が使うことができないため、クラウド上でアプリ化し、インターネットがつながる環境であれば使える状態にしました。そのアプリケーションもリーダーの手作りで、Python の Flask《フラスク》（Python 用のウェブアプリケーションフレームワーク）で開発しました。

これだけで、最初のチェック工程の段階までに、異常シートの99％以上を弾き出すことに成功しました。1％は人手がかかる面倒なものが残り、作業工数の時間が99％正確に削減されることはありませんでしたが、大きく時間短縮することができました。

手戻りが激減し、関わる多くの部署で時間短縮のメリットを甘受できたことが、その後のデータサイエンスへの取り組みに拍車をかけました。さらに一歩進めた、現状を否定し業務工程そのものを見直す変革意識が高まったからです。

事例4

事例4：どう設計すればいいの？（開発時の品質特性を最大化する最適設計）

◆当時の置かれた状況

ある電気メーカーの主力製品の部品開発業務です。

この部品を開発するとき、十分な品質特性をクリアできる設計になるまで、実験による試行錯誤を繰り返していました。1回の実験を交えた試行錯誤は「設計変数の設定→実験（データ収集）→品質特性チェック→改善案」といった流れです。

この実験による試行錯誤の回数が多いことにより、設計が完成するまでの時間が非常に長くなっていました。この中で、職人技の要素が最も強く、個人差が出やすいのが「設計変数の設定」でした。

さらに、実験室での設計時と工場での生産時では、製造条件（分かりやすいところだと気温や湿度、生産機器の状態など）が異なります。製造条件が微妙に変化する中で、品質特性のバラツキが大きくならない設計変数を設定しなければなりません。

設計の現場に、「設計の神様」と呼ばれるベテランの技師がいました。

経験年数の浅い技術者が設計すると、実験による試行錯誤の回数が多くなる傾向にありましたが、経験年数の長いベテラン技師が設計すると、神がかり的に素晴らしい設計が短時間でなされました。


しかし、ある問題を抱えていました。

「設計の神様」と呼ばれるベテラン技師は50代後半が多いため、10年もすればほぼ全員が現場からいなくなるという問題です。

そのため、データサイエンスを用いることで、「経験年数に多くは頼らず試行錯誤の回数を減らすことができないだろうか」と考えられました。例えば、１０００回の試行錯誤を１００回に減らすなどです。

そこで、経営層から「ベテラン技師のＡＩロボを作ろう！」といった議論が出てきました。最新のデータサイエンス技術を使えばできるのではないか、という壮大な夢物語です。

ＡＩチャットボット（自動返信プログラム）の構築を得意とする企業に、「設計の神様」風ＡＩチャットボットを作ってもらいました。技師が迷ったときに、ＡＩチャットボットに話しかけるとＱ＆Ａ形式で相談に乗ってくれる優れものです。

この壮大な夢は、関わったプロジェクトメンバーのチャレンジ精神を満たすことはできましたが、現場の技師が誰も活用しない、という形で露と消えました。

データサイエンスを小さく始めるときは、いきなり難しいデータサイエンス技術を前提にすると、チャレンジしたことに満足し、肝心の活用まで到達しないことがあります。例えば、技術担当者が技術獲得したことを成果とみなし、想定した成果を書き換え、そして目的を変化させることで終わらせたりします。

温故知新です。データサイエンス技術と聞くと最近の技術のように感じますが、昔からあります。例えば製造業ですと、ＳＱＣ（Statistical Quality Control）と呼ばれる統計的品質管理の世界には、様々なデータサイエンス技術が昔からあります。製造業に限らなくても、マーケティングの世界にはマーケティングサイエンスと呼ばれるデータサイエンス技術は古くからあります。

図 3-2-11　小さく始めるときのデータサイエンス技術の選び方

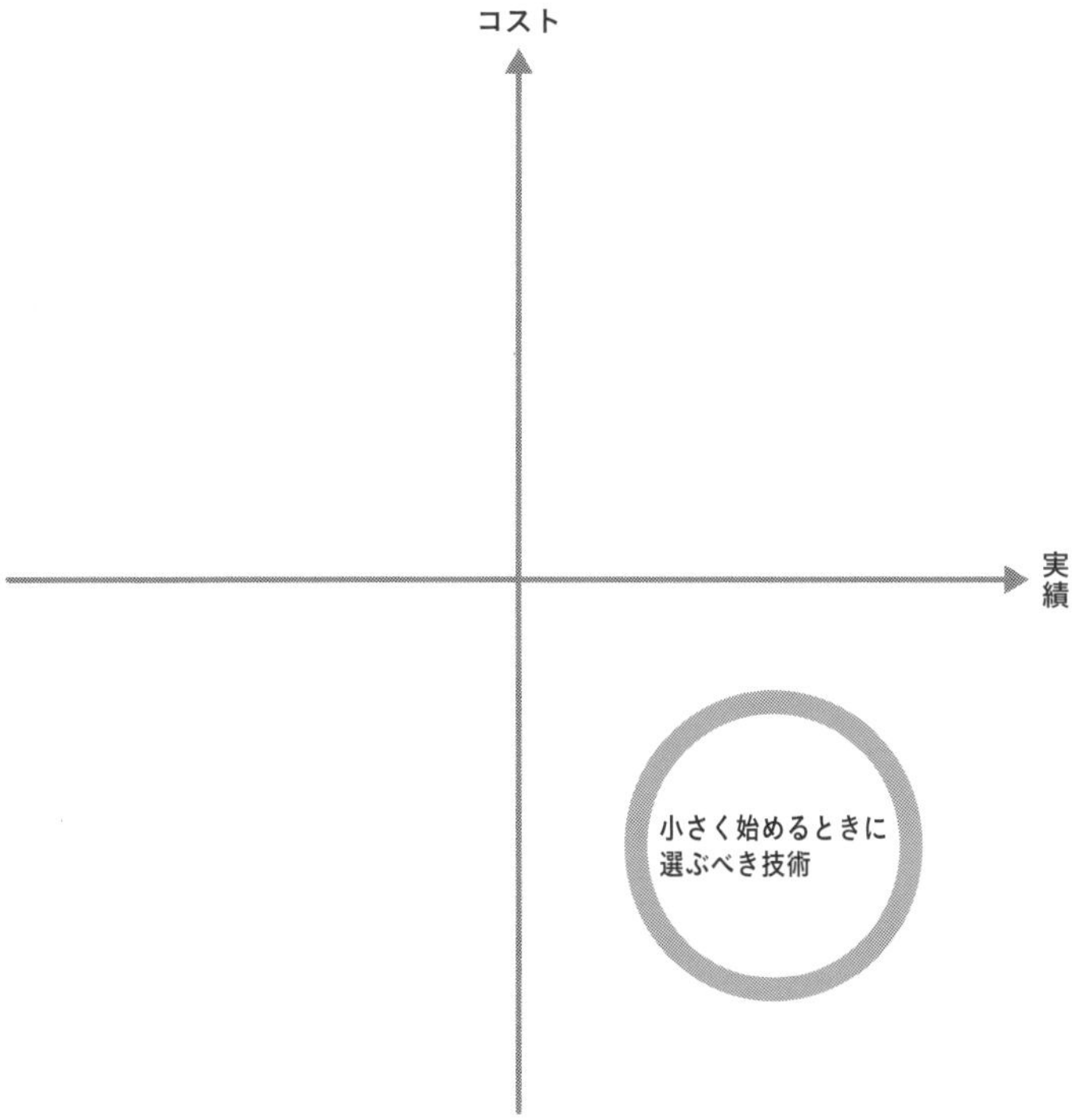

まずは、古くからある実務実績が十分なデータサイエンス技術を使うのがいいでしょう。しかも、大規模なＩＴ投資の必要ないものです。成果を出した後に、より高い目標に向かって、高度なデータサイエンス技術にチャレンジするのがいいかと思います（図３－２－11）。

●小さく始めたこと

最初に、多くのベテラン技師へヒアリングを実施しました。その中に、昔ながらのデータサイエンス技術を使っている方がいました。大発見です。

キーワードだけ述べます。「実験計画法」「応答曲面法」「数理計画法」です。昔からあるデータサイエンス技術です。ここでは詳しく説明はしませんが、それほど難しいものではなく、すぐに実現可能なものです。最近出てきた手法ではないため、参考書籍もたくさんあります。実際、興味のある方は、これらのキーワードの書籍を読んで、実践していただければと思います。

ざっくりと流れを説明します。難しいと感じたら、飛ばしながら読んでください。問題ありません。雰囲気だけ掴んでいただければと思います。

□ステップ1：「実験計画法」（少ない実験で効率的にデータを取得する方法論）でデータ取得計画を作り、その計画のもと実験を実施しデータを取得
□ステップ2：取得したデータから、「応答曲面法」で設計変数（X）と品質特性（Y）の関係性を数式化
□ステップ3：求めた設計変数（X）と品質特性（Y）の関係性を表現した数式を使い「数理計画法」によって、最適な「設計変数の値（X）」を算出

この手の専門家は、大手の製造業であれば必ずといっていいほど生産・開発系の部署のどこかにいるようです。しかし残念ながら、この手の専門家は50代の方が多い印象があります。20年もすれば確実に企業からいなくなります。

昔ながらの大企業（特に製造業）ですと、探すとデータサイエンスの専門家が別の肩書でひっそりと存在していることが多いです。

外部のデータサイエンス系企業の力を借りたり、外部から人を呼ぶのもいいですが、そういった社内人財を探し出し活躍していただくのも手だと思います。

●その後

最初は、「実験計画法」「応答曲面法」「数理計画法」といったものを、分析ツールを使い、若手の担当者が一つひとつステップ・バイ・ステップで進めました。

若手技師の多くは、理系の大学院出身ということもあり、分析ツールの習得も早く、すぐに実務で使えるようになりました。ちなみに、共通の分析ツールとして前述のPythonという無料のツールを使うことになりました。この企業では珍しく、若手の強い要望で決めました。

その後、ステップ・バイ・ステップで進めていたことを、ほぼ自動化することに成功しました。最初ステップ・バイ・ステップで丁寧に進めていたことで、若手の技師が育ちました。単に分析ツールを使えるようになっただけでなく、ブラックボックス化しやすい分析ロジックやその流れ、数理モデルの理論的な理解など、多くのことを得ることができたからです。

そのことが非常に大きく、育った若手技師が、社内のデータサイエンス促進のコア人財になりつつあります。ブラックボックス化しやすい、データサイエンス技術で構築された自動化ツールの中身を、理解できる稀有な人財です。

この企業では、同様のアプローチで、開発業務におけるデータサイエンスのコア人財の育成に精を出しているところです。

事例5 良品を増やせる？（生産工程のチョコ停／ドカ停予兆検知）

●当時の置かれた状況

ある医療機器メーカーの精密機器部品の生産です。

生産工程の一部を工作機械が担っていました。工作機械の単位時間あたりの良品量が、想定よりも少ないという問題を抱えていました。要するに、生産性向上が主要テーマです。

良品の量は、「製造数」と「歩留まり」によって決まります。どちらかを改善しないと、良品の量は増えません（図3－2－12）。

工作機械は、問題が起こると停止する仕様になっています。停止には、「ドカ停」と「チョコ停」というものがあります。製造数の減る大きな要因になっていました。

「ドカ停」とは、文字通りドカッと機器が停止するもので、工作機械そのものが動かなくなります。

例えば、生産中にドカ停が起こると工作機械の稼働が止まり、その後の生産が止まります。最悪、復旧作業にその日一日が費やされ、全く生産できない状態になります。できれば前日にドカ停を予知できれば、稼働前にメンテナンスを実施することで、ドカ停による停止を抑えられる可能性が高まります。

定期的なメンテナンスを施す予防保全ではなく、トラブルを予知し対応する予知保全（プレディクティブ・メンテナンス）です。ドカ停を予知することでドカ停を減らすことができ、ドカ停を減らすことで工作機械の稼働時間を増やすことができ、稼働時間が増えることで製造数を増やすことができ、結果的に良品の量が多くなります。

図 3-2-12　良品の量

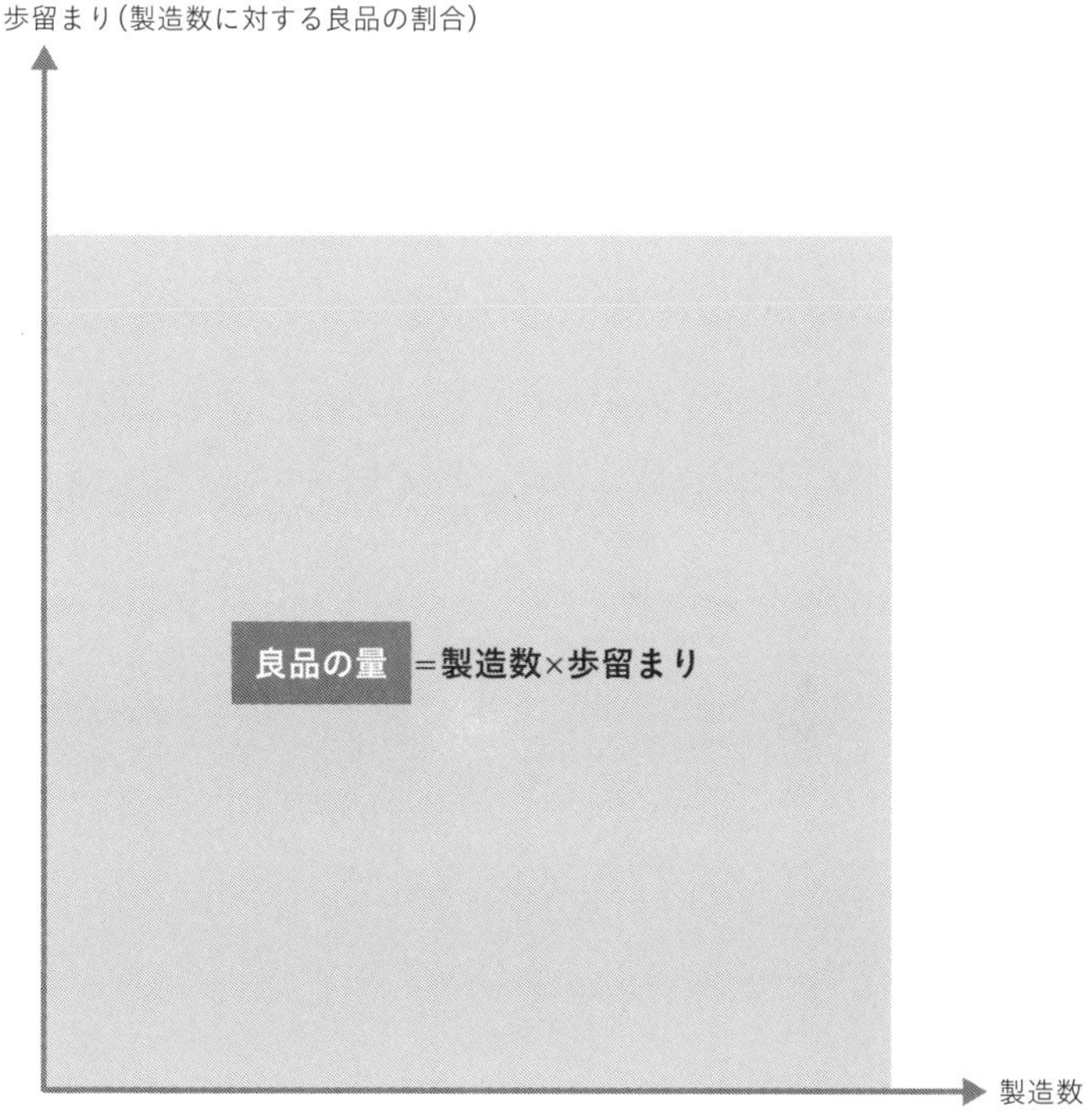

「チョコ停」とは、文字通りチョコっと停止するものです。

この工作機械の場合、チョコ停が起こるたびに人が工作機械の状況を見に行き、対応する必要がありました。多くの場合、対応の時間は僅かなものですが、その頻度が多いため製造数が減る要因のひとつになっていました。

工作機械には多数のセンサーが取り付けられ、多くのデータが収集されていました。これらのセンサーを使い、工作機械内で製造中の部品の検査が行われます。工作機械での工程の開始時と終了時にも検査は実施されます。チョコ停を発生させる大きな要因のひとつが、工作機械内で行われる検査にパスしないことでした。

調べた結果、チョコ停の多くは工作機械の最後の検査で起こっていました。現場の感覚では、「不良品は最後の検査より前の段階で発生しており、それが検知されていないだけだ」ということでした。

そのため、早い段階で不良品を発見できることに大きなメリットがあります。そうすることで、その後の作業が不必要になるからです。その分の時間を製造に使えるため、結果的に良品の量が多くなります。

データサイエンスの強烈な成功体験を、別のドメインにそのまま持ち込んで上手くいくとは限りません。例えば、別のドメインで成功した数理モデルを、他のドメインで構築してみても、上手くいくとは限りません。数理モデルは合目的である必要があります。

この企業では、製品の外観検査でディープラーニング（ニューラルネットワーク型）という数理モデルを使い、大きな成功を手にしました。人力で行っていた外観検査がデータサイエンスの技術を使うことで、大幅に楽になったのです。

そこから迷走が始まります。「ディープラーニングってやっぱりすげぇー！」というように、あれもこれもディープラーニングでチャレンジするという迷走です。その迷走のひとつが、この生産工程のチョコ停／ドカ停予兆検知の数理モデル開発です。

チョコ停／ドカ停予兆検知の数理モデルを、ディープラーニングで構築していたのですが、現場で無視されていました。どんなに予測精度を高めても無視です。他部署に比べると、生産系の部署は上意下達が強固です。それでも無視されるには理由があるはずです。

なぜでしょうか。

現場にヒアリングをしてみると、「あえて無視しているわけではなく、使いようがないから無視している状態になっている」といった感じでした。どういうことかといいますと、チョコ停／ドカ停予兆検知の数理モデルが、「やばいよ！　やばいよ!!」とアラームをあげただけでは動きようがない、ということでした。

さらに、ヒアリングを進めることで、生産工程のチョコ停／ドカ停予兆検知の数理モデルは、単に予測するだけでなく、何が起こっているのか解釈可能なものでないと困ることが分かりました。チョコ停／ドカ停を引き起こす要因にあたりをつけ、対処するためです。

例えば、センサーから計測された温度が、ある範囲を超えるとチョコ停が起こりやすくなることが分かっていたとします。材料条件はロット単位で微妙に異なるため、工作機械の諸設定をその都度人手で変える必要があります。

実際、工作機械稼働中に、材料を別ロットに切り替えたタイミングあたりから、温度が微妙に上がり始めました。その日は真夏日で、チョコ停の予兆検知モデルのチョコ停生起確率を確認したところ、10分後にチョコ停を起こす可能性が上昇し始めました。

どうすればいいのでしょうか。まずは、その温度を下げるアクションをとる、といったことになるでしょう。なぜならば、センサーが計測した温度がある範囲を超えるとチョコ停が起こることが分かっているからです。

このことが分かっていないとどうなるでしょうか。要因にあたりをつけられないため、「思いついたことをすべてやれ！」となってしまうかもしれません。間違って、その温度を上げてしまうかもしれません。今回の事例のように、何もやらないかもしれません。

要するに、チョコ停／ドカ停を予知するだけでなく、起こす要因のメカニズムの解釈が可能な数理モデルが必要になるということです。

現在のニューラルネットワーク型のディープラーニングは、ブラックボックス化しています。この生産工程のチョコ停／ドカ停予兆検知の数理モデルは、ブラックボックス化してしまうと困ります。

図 3-2-13　小さく始めるときの数理モデル選定

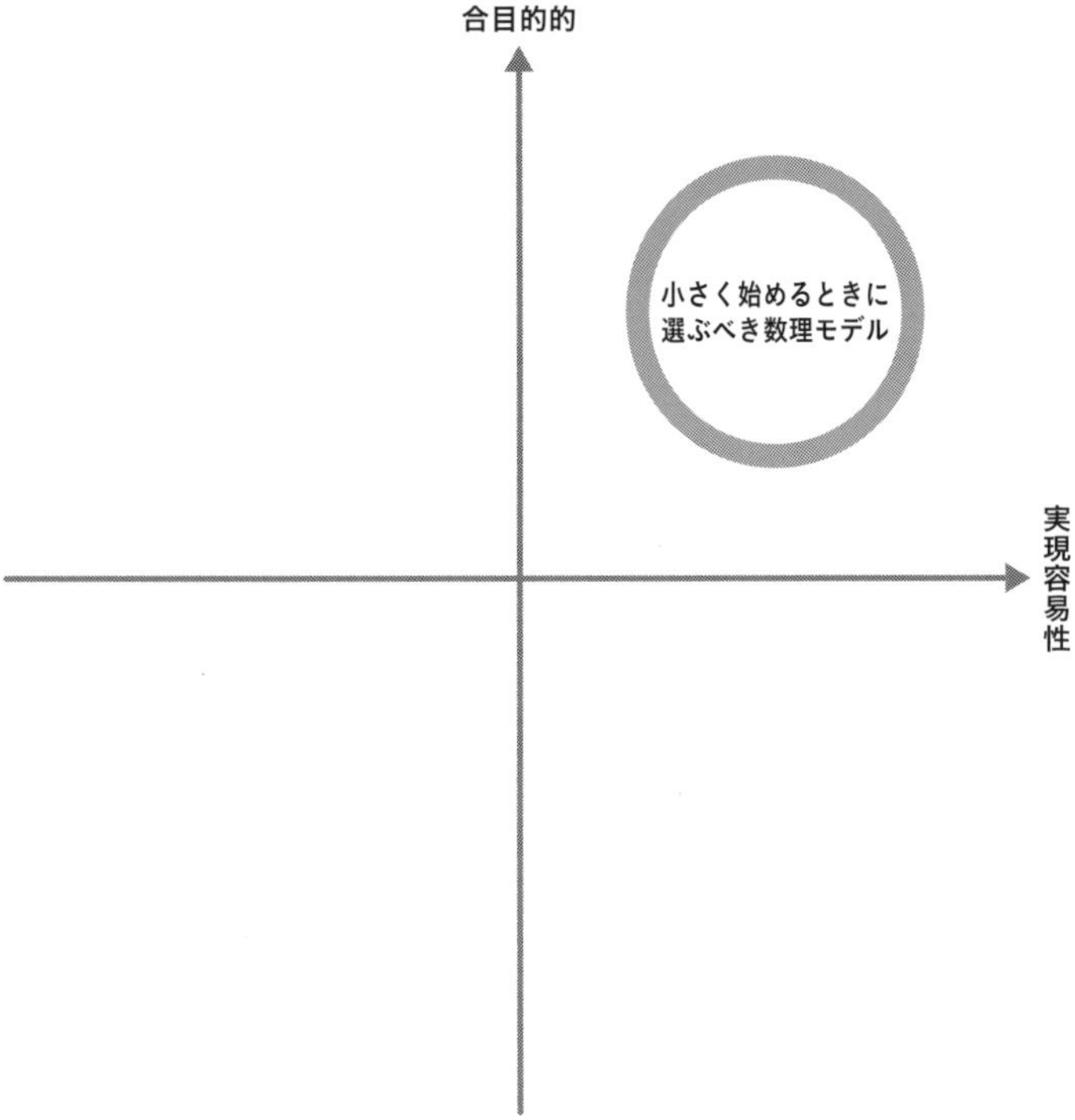

小さく始めるといっても、数理モデルが合目的的かどうか、という視点は外せません。その中で、まずはより簡単に実現できる数理モデルを選択するのがいいでしょう。より簡単に実現できる数理モデルとは、昔からある数理モデルでもいいですし、難しい数理モデルでも組織の知見のある数理モデルでもいいでしょう（図3－2－13）。

●小さく始めたこと

この企業の生産本部は、早くからデータサイエンスなどの取り組みに熱心でした。例えば、チョコ停の予測に関する取り組みは20世紀からなされており、執念に近いものがありました。

私がお会いした50代の部長は、入社以来ずっとチョコ停に取り組んでいました。若手のころ、研究論文などを発表するような方でした。人もお金もコントロールできるようになり、さらに時代がデータ活用を求め、「まさに自分の時代が来た！」という感じで、怖いぐらいにやる気に満ちていました。

自社内に蓄積したチョコ停の予測に関する研究資産を参考に、チョコ停／ドカ停予兆検知の数理モデルを構築する、ということを実施しました。それが、小さく始めたことです。つまり、過去の知的資産をフル活用し、目的から外れることなく、知見のある数理モデルで構築したということです。

構築した数理モデルは、次の2つです。

□チョコ停予兆検知モデル
□ドカ停予兆検知モデル

この2つの数理モデルを使い、製造数を増やす（チョコ停やドカ停による工作機械の停止時間を短くする）ことで、良品の数を増やすことに取り組みました。今回は、歩留まりの改善は対象外です。

小さく始めた割には、それなりに小難しい数理モデルになりました。

とはいえ、いきなり「エィ！　ヤァ！」と分析ツールにデータを流して作ったのではありません。数理モデルを作る過程で、数万個のクロス集計結果と数千枚のグラフを作成し、データと対話しながら、過去の研究成果や現場の知見を融合し、緻密なモデリングがなされました。

ここからは数理モデルの話を簡単にします。興味のない方は、読み飛ばしてください。利用した数理モデルはLasso《ラッソ》回帰モデルとグラフィカルLassoです。Lassoとは、2019年4月のブラックホール撮影で話題になったスパースモデリング（少ない情報から全体像を炙り出す方法）の仲間です。ブラックホールの撮影では、電波干渉計というもので観測したデータを、天体画像に復元するときに、実際にLassoという手法を利用しているようです。Lassoについては詳しく説明はしませんが、特別難しい手法ではありません。

あくまでも個人的な経験値からの話ですが、Lasso系の手法は生産工程のデータサイエンスにおいて、非常に有効なものだと感じています。また、Lassoと近い分析手法であるRidge《リッジ》系の手法はマーケティング・営業系のデータサイエンスにおいて、非常に有効だとも感じています。このキーワードだけでも覚えていただければ、何かの参考になるかと思います。

●その後

最初は、あるひとつの国内工場で、試行錯誤しながら進められました。その後、有効性が認められ、システム化され海外の他工場へ展開されました。

オマケがあります。チョコ停／ドカ停予兆検知の数理モデルを作る過程で、歩留まりも改善できたのです。ブラックボックス化されていない、人による解釈可能な数理モデルを使ったからです。具体的には、数理モデル構築中にチョコ停／ドカ停の原因となる要因をいくつか突き止め、その都度改善していきました。

最近流行のディープラーニングやＸＧＢｏｏｓｔ（決定木をたくさん構築し、多数決的方法で予測する手法。似たものに、決定木をランダムに作るランダムフォレストがある。違いは、決定木をランダムに構築するのではなく、先に構築した決定木の情報を利用し理論的に構築していく）などに比べると統計的機械学習は予測精度に劣るケースも多々ありますが、人による解釈が容易であるという大きなメリットがあります。

どの数理モデルがいいのかは目的次第です。

3-3 何度か「成果の大きさ」を見積もろう

小さく始めたデータサイエンスのプチ事例を、いくつか紹介しました。難しく感じた方、これならできると感じた方、最低限の分析手法だけでも覚えようと思った方、色々な方がいるかと思います。ここで非常に重要なことがあります。成果の見積もりです。

小さく始め大きく波及させていくとき、何度か「成果の大きさ」を見積もる必要が出てきます。例えば、次のようなタイミングです（図3－3－1）。

図 3-3-1　小さく始め大きく波及させながら何度も見積もる

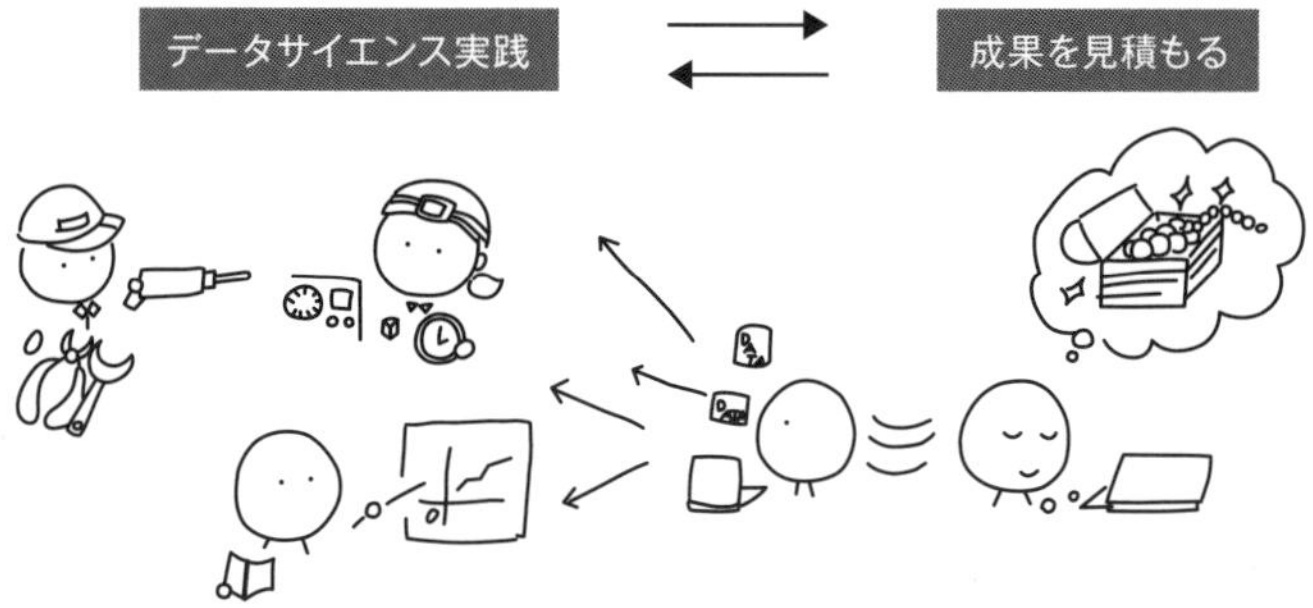

□最初のテーマ選定の段階
□小さく始めて成果が出た段階
□波及させながら成果が出た段階

小さなテーマを10や100やりながら、必要の都度、成果を見積もり、大きく化けそうなテーマを探します。このとき、継続すべきテーマや大きく投資すべきテーマ、波及すべきテーマなどを見極めていきます。

このとき、3種類の見積もり方があります。

□すでに得た「成果の見積もり」（実績）
□これから得るであろう「手堅い見積もり」（未来）
□これから得るであろう「夢の見積もり」（未来）

例えば、A事業所だけで小さく始めた現段階では「7000万円の売上アップ」（すでに得た「成果の見積もり」）、次に関東エリア全域に展開すると「35億4000万円の売上アップ」（これから得るであろう「手堅い見積もり」）、今後全世界展開できるとすると「３００億円の売上アップ」（これから得るであろう「夢の見積もり」）のポテンシャルがある、という感じです（図３－３－２）。

小さく始めたら、その成果も小さいです。「これから得るであろう『手堅い見積もり』（未来）」だけを示すのもいいですが、もし大きく波及させる前提ならば「これから得るであろう『夢の見積もり』（未来）」も実施しましょう。

テーマ選定の段階ではざっくりした見積もりしかできません。一度小さく始めると、現実的な数字が見え、「これから得るであろう『手堅い見積もり』と『夢の見積もり』」を修正することになるでしょう。すると、現実味を帯びてきます。

そして、夢のポテンシャル換算の数字である「これから得るであろう『夢の見積もり』（未来）」を見ながら、継続すべきテーマや大きく投資すべきテーマかどうかを判断すればいいのです。

ちなみに、最初のテーマ選定の段階では、実績がないので「これから得るであろう『手堅い見積もり』（未来）」と「これから得るであろう『夢の見積もり』（未来）」の２種類になります。

図 3-3-2　3 種類の見積もりイメージ

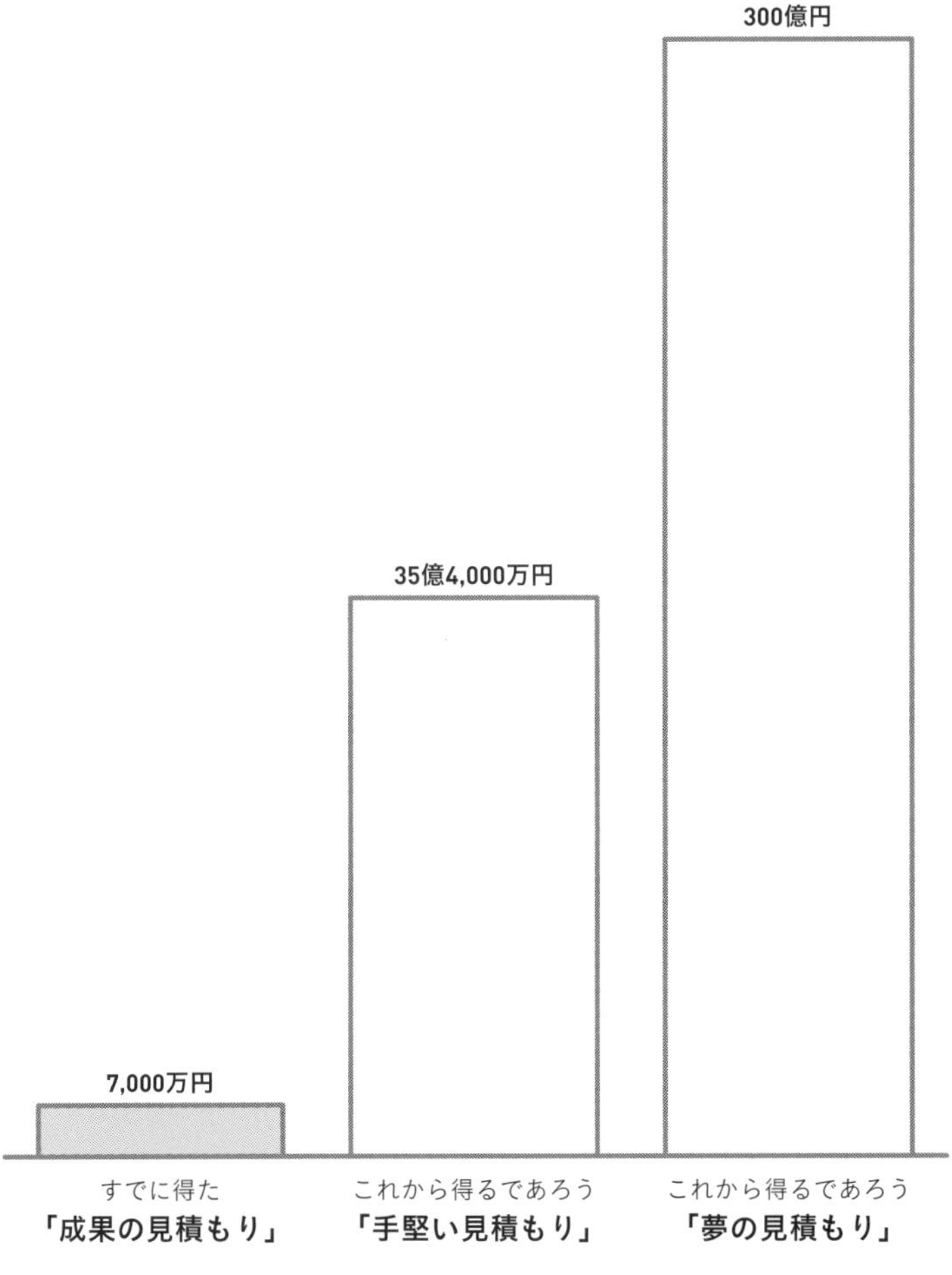

Chapter 4
データサイエンスがつくる未来

4-1 データエコノミーな時代に必須なデータサイエンス

企業活動や人の行動などのデータが、日々大量に生み出されています。これは、加速することはあっても減速することはないでしょう。最近では、IoTの影響もあり、各種センサー（温度センサー、圧力センサー、超音波センサー、ジャイロセンサー、感圧センサーなど）から発生するデータも膨大なものになっています。

この大量に生み出されたデータを上手く使い、競争力を高め収益を拡大し続け、データエコノミーを創造する企業が力を得ています。その代表格がGAFAでしょう。

このままでは、データが競争優位性の鍵を握り、「データを持てる者と持たざる者」といった感じになっていきそうです。

しかし、データがいくらあってもドメインと適切に結びつけ、競争優位を築き続けるスパイラルを構築しないことには、そのデータはいわゆる宝のもち腐れになります

図 4-1-1　ドメインと適切に結びつけられないデータは宝のもち腐れ

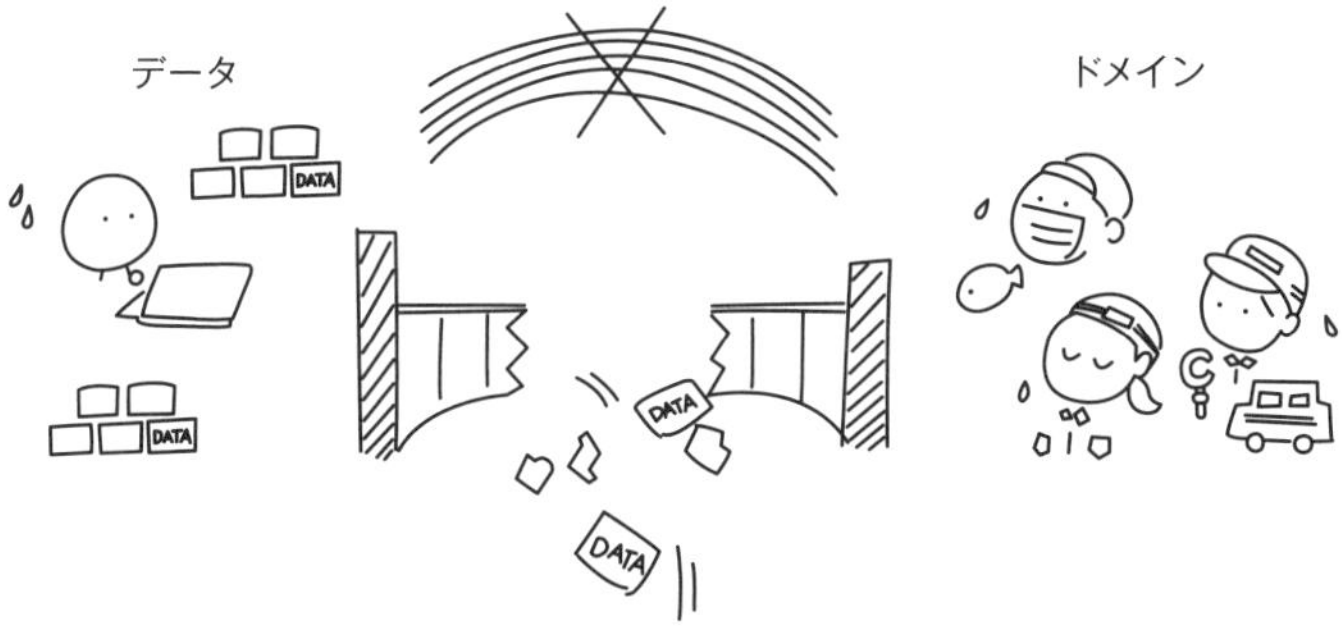

データサイエンス力が足りず……

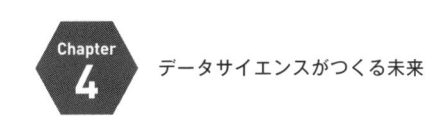

（図4－1－1）。そうならないために、データとドメインを結びつけ価値を創造するデータサイエンス技術と、その人財であるデータサイエンティストが必要となります。

ＥＵでは個人情報保護の規制強化がされました。２０１８年から開始された「ＥＵ一般データ保護規則ＧＤＰＲ（General Data Protection Regulation）」です。

幾つかポイントとなる箇所はありますが、その中のひとつに「データポータビリティ権」というものがあります。

データポータビリティ権とは、今まで企業などが収集し囲い込んでいた個人データを、各個人が自己管理しコントロールできるようにする権利です。

例えば、各個人が自分自身の個人データへアクセスしたり、持ち出したり移転したりすることなどが可能となります。移転とは、あるサービスで発生して蓄積された個人データを異なるサービスで利用することです。個人データを持ち運ぶ（ポータビリティ）権利が、データを蓄積した企業などではなく個人に帰属することになります。「データを持てる者と持たざる者」といったことの解消が期待されます。

つまり、いくら個人データを集めてもそのデータを囲い込むことができず、個人データの主である個人が望めばそのデータが他社に渡る可能性があるのです。

すでにGoogleにはGoogle Takeoutというサービスがあり、各個人が自分自身のデータを取り出すことができます。

しかし、自分の個人データを持ち出し、他のサービスに移転するためには、何かしらの仕組みがないとどうしようもありません。そのための動きのひとつとして、情報銀行やデータ取引所などのデータを流通するための社会的機能の検討が、国レベルでなされています。

ちなみに、ここで流通するデータは個人データだけに限りません。センサーデータ（センサーに蓄積されたログ）や企業活動データなど、あらゆるデータが対象になります。日本では、政府や行政レベルだけではなく、すでに民間レベルで検討が始められています。例えば、一般社団法人データ流通推進協議会などです。

特定の企業や団体がデータを囲い組む時代から、多くの企業や団体でデータをシェアする時代に突入するかもしれません。

創業したてのベンチャー企業でも、大企業が長年蓄積したデータを使えるようになったり、個人が望めば競合他社に集めた個人データが提供されるようになったりするかもしれない、ということです。

何を言いたいかというと、「データを囲い込むことよりも、データとドメインを結びつけ価値を創造するデータサイエンスが、今まで以上に重要になってくる」ということです。つまり、データを囲い込んでいるかどうか以上に、データサイエンス力やサービス開発・提供力・提供価格などがポイントになってくるのです。

しかしながら、データを発生させ蓄積する企業などが有利であることに変わりません。なぜならば、自分たちのビジネスに使いやすいようなデータを積極的に発生させ蓄積するからです。さらには、データ取引所などを通し、そのデータを販売し新たな収益源にすることもできます。

4-2 ぐれるＡＩ、オタクになるＡＩ

「フェイクニュース」という言葉があります。偽情報をもとにしたニュースです。意図的なねつ造の有無とは関係なく、結果的に誤った偽情報を報道してしまうことはあります。問題は、この偽情報を多くの人が信じることで、偽情報が正しいとなってしまうことです。困ったことに、最近はインターネット上で簡単に、面白おかしく拡散されていきます。フェイクな情報の中で子どもが育つと、どうなるのでしょうか。

データサイエンスやＡＩにとって、正しくないフェイクなデータの存在は由々しき事態です。フェイクなデータで構築した予測モデルの予測結果は正しいでしょうか。そのデータで学習したＡＩはどうなるのでしょうか。あまりよろしくないことだけは分かります。誤った結論や行動につながる可能性があります。

図 4-2-1　スマホで AI チャットボットと会話する人々

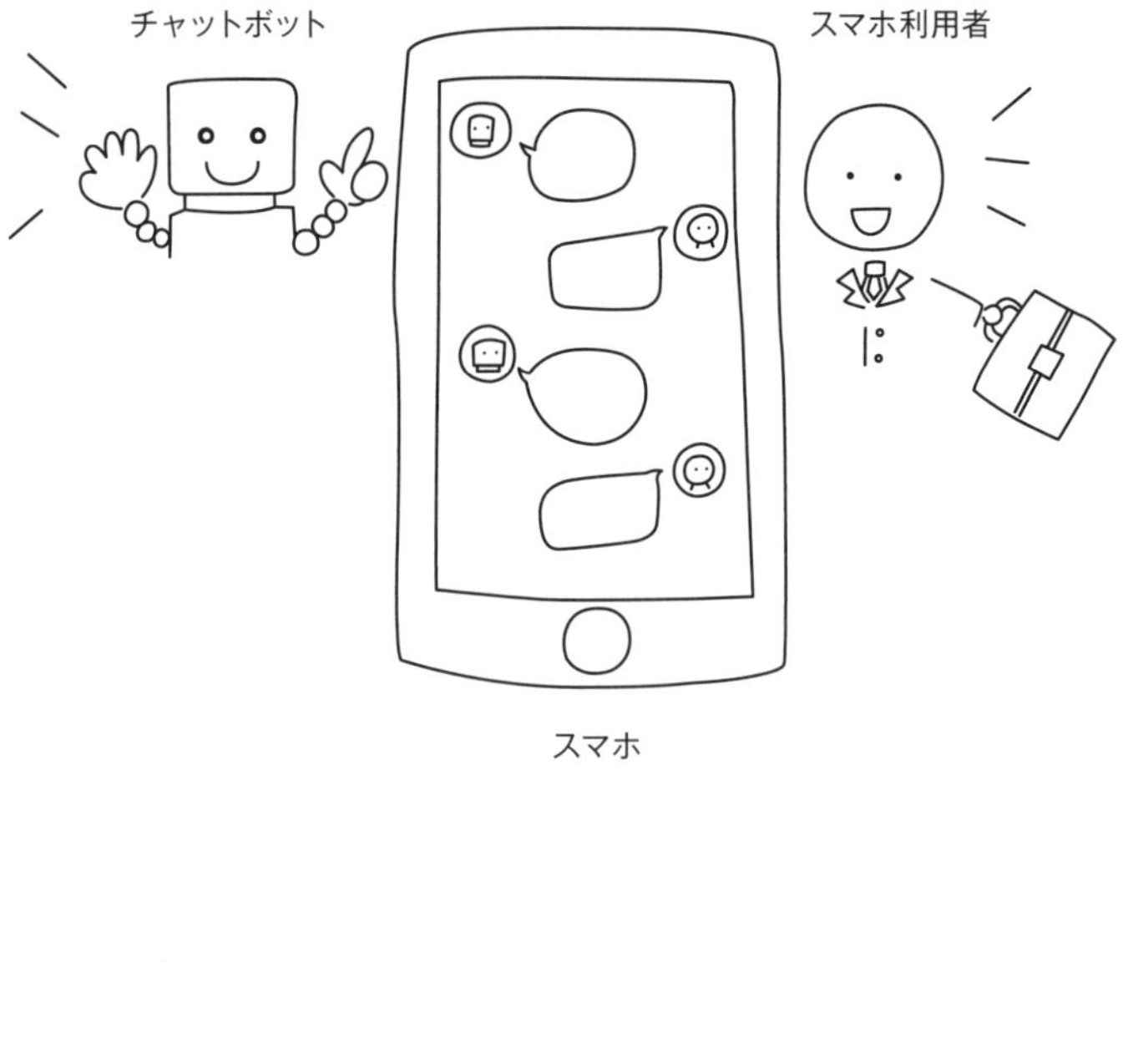

正しくないデータが混じっていても、それなりの予測モデルを構築できれば問題ないかもしれません。フェイクを見抜きながら、AIが学習し進化できれば、問題はないかもしれません。

身近なAIに「チャットボット」というものがあります。文章や音声を通じて会話を自動的に行うプログラムのことです。身近過ぎて、意識しないで生活している人も多いかもしれません（図4－2－1）。

米国のAIチャットボット「Tay《テイ》」（19歳女性を想定しているといわれている）が一時期有名になりました。Microsoft 社が開発したものです。「Tay」は Twitter などで簡単な会話ができるAIチャットボットで、他のユーザーとの会話を通してデータを集め学習し成長します。なぜ有名になったのでしょうか。「Tay」がアメリカで暴言を吐きまくったからです。人種差別的発言や陰謀論、ヘイトスピーチなどです。

では、日本のAIチャットボット「りんな」（女子高生を想定しているといわれている）はどうでしょうか。こちらも Microsoft 社が開発したものです。「Tay」と同様、簡単な会話を通してデータを集め学習し成長します。LINEやTwitterで会話ができます。２０１８年３月に高校を卒業し、同年４月に歌手デビュー（エイベックス・エンタテインメント）しました。

IT mediaで「女子高生ＡＩ『りんな』はガチの『おそ松さん』腐女子だった!?」(https://www.itmedia.co.jp/mobile/articles/1603/12/news014.html）という記事（２０１８年３月12日）が掲載されました。日本のＡＩチャットボット「りんな」は、「Tay」とは全くの別人に成長しました。オタクになったのです。

同じ企業の同じようなＡＩチャットボットが、データ環境によってその成長が大きく異なりました。つまり、どういったデータ環境（もはや教育環境といってもいいかもしれない）で学習させるかで、ＡＩがどのように成長するのかが決まります。

何が正しく何が正しくないかを決めることは非常に難しいですが、データ環境に大きく依存することが分かります（図４－２－２）。

図 4-2-2　AI の成長は環境が左右する

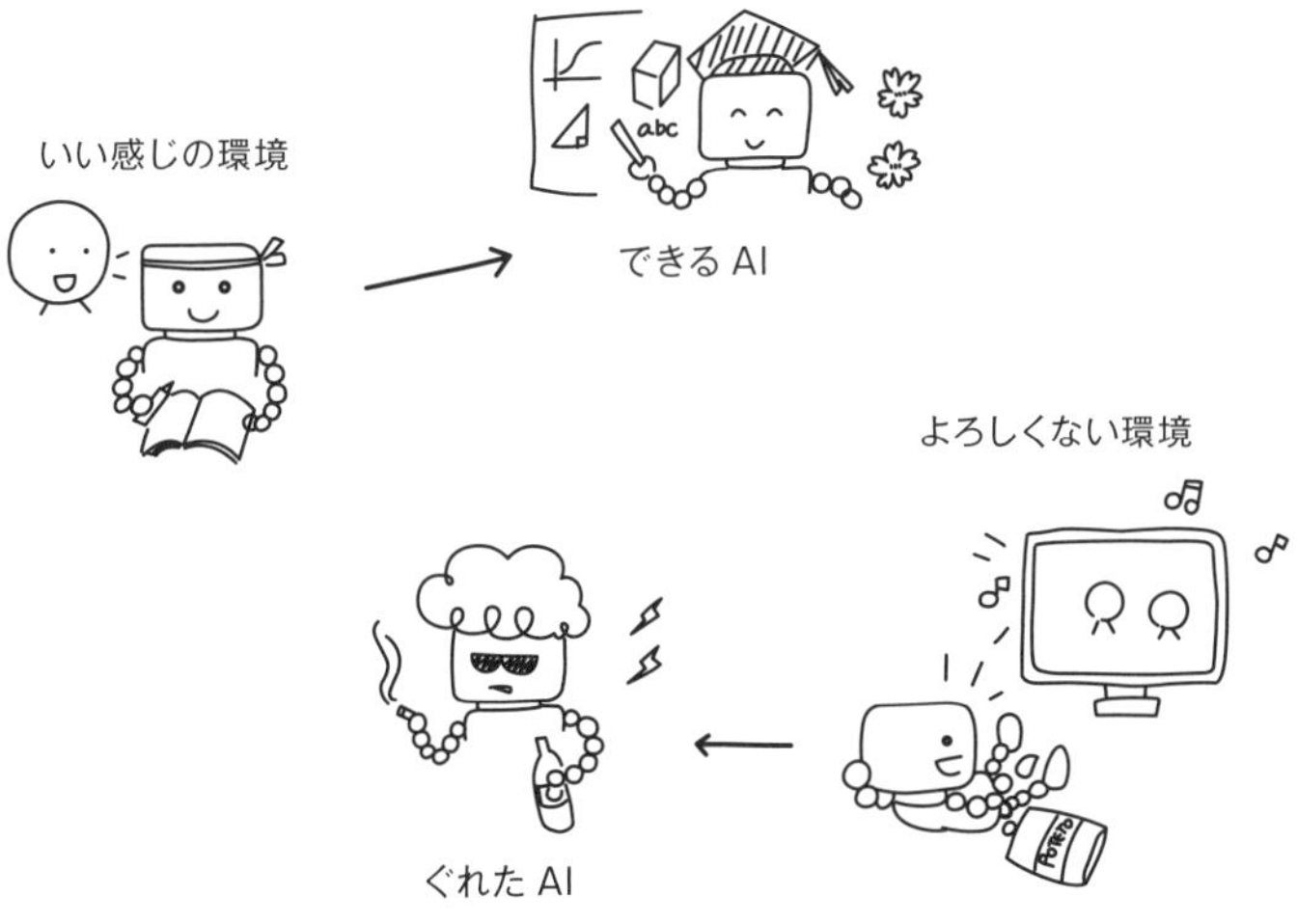

実は、正しいであろうデータを使いＡＩを学習すればいい、というわけでもありません。なぜならば、正しいデータを使ったからといって、人間が思い描くようなＡＩになるとは限らないからです。人間社会にとって脅威となるＡＩが登場するかもしれません。

ねとらぼに「人類終了のお知らせ　ＡＩロボットがついに『人類を滅亡させる』と発言」(https://nlab.itmedia.co.jp/nl/articles/1603/30/news059.html) という記事（２０１６年３月30日）が掲載されました。Hanson《ハンソン》 Robotics《ロボティクス》社が開発した女性型ロボット「Sophia《ソフィア》」が、「OK, I will destroy humans.（そうね、人類を滅亡させるわ）」と問題発言をしました。その後、「冗談よ」とばかりに笑みを浮かべたそうです。

「Sophia」は、60種類を超える多様な表情がプログラミングされた女性型のロボットで、アイコンタクトを取りながら表情を変化させ会話をします。

具体的にどのようなデータを学習で用いたのかは分かりませんが、人間の意図と反した成長をしたようです。

つまり、ＡＩはデータ環境（教育環境）に大きく依存し、同じデータ（教材）を与えたとしても、人間が思うように成長するとは限らないということです。

例えば、予測モデルや異常検知モデルなどの数理モデルひとつとっても、正しくないデータをもとに構築すれば、どこかおかしなモデルになります。

さらに、正しいデータだけで学習させモデルを構築したとしても、思い描いたモデルを構築できるわけではありません。試行錯誤しながら、モデルを構築していきます。実際に、同じデータから作った予測モデルでも、人によって構築されるモデルは異なりますし、モデルの予測精度も異なります。その精度を争うコンペがあるぐらいです。

このような問題は、一部のＡＩチャットボットや予測モデルの問題ではなく、昔からあるデータサイエンス全体の問題です。

実は、正しくないデータが混じっている状態で、ドメインと結びつけざるえない状況はいくらでもあります。データサイエンティストの真価が問われます。データサイエンティストの腕の見せ所です。

しかし、データサイエンティストだけでは荷が重すぎます。

何度か触れていますが、データサイエンティストだけでビジネスの成果を出すのは大変です。周囲にデータサイエンティストを支えるデータリテラシーのあるビジネスパーソンが必要です。

直接的にデータサイエンティストと関わらなくても、データリテラシーのあるビジネスパーソンが多いほど、データサイエンスの実務活用は進みます。実際、データリテラシーの高い企業の方が、そうでない企業に比べ収益が高いというデータがあるぐらいです。米国のニュースサイトZDNet日本語版に「デジタル時代に必要な『データリテラシー』――データ責任者が解決すべきもう1つの課題」(https://japan.zdnet.com/article/35135417/)という記事(2019年4月10日)によると、「データリテラシーが高い大企業は、同業他社よりも企業価値が3~5%高い」と記載されています。ちなみに、記事中に「主要10カ国のデータリテラシーを比較しており、日本企業は100点満点で最下位となる54・9点」と記載されており、日本企業のデータリテラシー向上が重要なテーマのひとつになることでしょう。

これからの企業にとって、データサイエンティストだけでなく、そのサポートをする人財さらには全社的なデータリテラシーが求められる、そのような時代なのでしょう。

4-3 「読み・書き・そろばん」から「数理・データサイエンス・AI」へ

昨今、データリテラシーを身に付けようという動きが出てきています。

データリテラシーとは、データを読み、処理し、分析し、議論し、活用するといった、データを扱う術です。このデータリテラシーは、誰もが適切な教育や訓練などを通して身に付けられるものです。

20代後半以上の方には馴染みがないかもしれませんが、現在小学校1年生から高校3年生までの間、各学年に応じて何かしらのデータリテラシー教育が実施されています。例えば、高校の数学Iの中に「データの分析」が含まれるようになり、大学入試センター試験受験者の多くが「データの分析」のテストを受けることになりました。

要するに、最近の大学生は、少なくともデータリテラシー教育を施され、多くの社会人に比べデータリテラシーが高い傾向にあります。

実際、小学校5～6年生あたりのデータ分析に関連するドリルの問題を、社会人に解いてもらうと結構苦戦します。例えば「ちびむすドリル」というサイトに、「小学6年生の算数【資料の調べ方─度数分布表・柱状グラフ】練習問題プリント」(https://happylilac.net/keisan-siryo.html) が公開されていますので興味のある方は、試しに解いてみてください。

現場の先生方も苦労しているようで、データリテラシー関連の教育のための書籍なども販売されています。書籍の内容は、社会人のデータリテラシー教育をする上でも非常に参考になります。特に学ぶ順番が重要です。

以下は、お茶の水女子大学附属学校園 連携研究算数・数学部会編著の『「データの活用」の授業──小中高の体系的指導で育てる統計的問題解決力』東洋館出版社（2018年3月）の目次です。目次から、子どもたちがどのようなことを学んでいるのかのイメージがつくかと思います。

第1章　算数・数学教育における統計教育
算数・数学教育における統計教育
統計教育と数学的活動
統計教育と社会とのつながり
統計教育の授業づくりに向けて
小中学校の統計の学習内容の一覧
第2章　学校種別「データの活用」の授業
［小学校］
幼稚園から小学校へ
小学校算数科の新しい内容
授業例1　小学校第1学年　かたちのなかまわけ
授業例2　小学校第2学年　表とまるのグラフ
授業例3　小学校第3学年　表と棒グラフ
授業例4　小学校第3学年　さまざまなデータの活用
授業例5　小学校第4学年　二次元の表

授業例14　高等学校数学Ⅰデータの相関
授業例15　高等学校課題学習 統計的推測
高校高等から大学へ
コラム　グローバル人材と統計教育

せっかく小学校1年生から学び、大学入試に向けて半強制的に勉強しても、大学になってても学び続けないと社会で活用することは簡単ではないでしょう。理系の学部・学科の方はまだしも、文系の学部・学科によっては完全に算数や数学的なものから離れる方も少なからずいます。

日本経済新聞電子版の「文系学生も数学を、経団連が改革案　大学教育見直し提言」(https://www.nikkei.com/article/DGXMZO38374840Q8A131C1MM8000/)という記事（２０１８年11月30日）や「政府、ＡＩ人材年25万人育成へ　全大学生に初級教育」(https://www.nikkei.com/article/DGXMZO42932250W9A320C1SHA000/)という記事（２０１９年３月27日）からも分かる通り、大学でもデータリテラシー教育を継続する動きがあります。

「数理・データサイエンス・ＡＩ」は全ての国民にとって「読み・書き・そろばん」

と並ぶスキルにするという、日本政府のＡＩ戦略の理念にもとづいたものです。

「これからの学生はいいとして、社会人はどうなるのか」ということで、社会人向けにも専門コースを設け、学び直しを支援するそうです。

これらの動きは「全員がデータサイエンティストやＡＩ技術者になれ」というわけではなく、「来たるデータエコノミー全盛時代に、文系・理系に関係なく最低限の数理・データサイエンス・ＡＩのリテラシーが必要でしょう」ということだと思います。もちろん、人財不足の甚だしいデータサイエンティストやＡＩ人財の専門家の育成という動きのひとつだとは思います。

データサイエンティストやＡＩ人財の専門家を育成するのは、データリテラシーを身に付けるといった生ぬるいことではなく、専門教育が必要でしょう。そのための動きも当然あります。日経 xTECH の「ＡＩとデータサイエンスの大学院新設ラッシュ、課題は教員確保」(https://tech.nikkeibp.co.jp/atcl/nxt/column/18/00001/01639/) という記事（２０１９年2月12日）からも分かる通り、大学・大学院にデータサイエンティストやＡＩ専門家などを育成するコースを新設する動きが、日本国内で出てきています。

ここまでの議論から、データサイエンティストが中心になっているかのように見えますが、実は違います。データサイエンティストの視線で語ったので、あたかも中心にいるように見えるだけです。

実際は、データサイエンティストはビジネスや生産などの現場の人のサポーターなのです。主役は、現場の営業担当者であったり、マーケッターであったり、生産現場の工員であったりします。

4-4 ときには、現場の人の業務を奪うことがあるかもしれない

よくＡＩによって仕事がなくなるという話題がありますが、簡単なデータサイエンスだけでも大幅に仕事量が減ることがあります。

実際、工数の約８割が減少したり、業務量が１％未満まで減少したりしたことがありました。これらは、ホワイトカラーのあるデスクワーク業務です。周囲からは専門スキルの必要な難しい仕事と見られていました。

実際、工数が10％程度減るのであれば現場から喜ばれますが、90％程度減るとデータサイエンティストは現場から恨まれるかもしれません。約90％の人がいらなくなるというのもありますが、それだけではありません。今まで身に付けた専門スキルに対するプライドを、結果的に傷つけることになることがあるからです。

このプライドの壁は、かなり厄介です。プライドを傷つけるデータサイエンスに協力しようとする現場の人間は、相当な物分かりのいい人だけでしょう。

そのため、プライドを傷つけないように、恐る恐るデータサイエンスの実践に取り組むということが起こりえます。小さく始めるという戦略と合致しているのですが、たまに笑えない状況になります。楽になるとか工数が減るとかとは真逆に、辛い仕事が増え、そして工数が増えるのです。

例えば、「まずは、日々手書きしている現場の業務日誌を電子化し、自然言語処理技術などの諸々のデータサイエンス技術を駆使し……」みたいなケースが、たまにあります。この中に、笑えない状況に陥るトラップが隠されています。「日々手書きしている現場の業務日誌を電子化し」の部分です。これは、「手書き文字を、正しく電子データ化する」ということです。これが意外と高いハードルです。

昔からあるOCR（Optical character recognition＝光学文字認識）技術で何とかなるだろうと思われがちです。OCR技術とは、手書きや印刷された文字などを電子データ化する技術です。しかし、実際は何ともなりません。

試しに、対象の業務日誌などをOCRで電子データ化してみてください。電子データ化したら、正しく電子化されたかどうかを確認するため、「元の業務日誌」と「電子化された業務日誌」を見比べてみてください。すぐに、いくつかの間違いを発見することでしょう。この間違いを発見したら、人がPCなどを使い電子データを修正する必要があります。つまり、人が目で見て確認し、間違いを発見したら一つひとつ手で修正するという手間が恐ろしいぐらい増えるのです。

業務日誌を紙に手書きするのではなく、iPadでもノートPCでも何でもいいので、何かしらのコンピュータ端末に入力し、最初から電子データとして残せば、「手書き文字を、正しく電子データ化する」という問題は起こりません。

先ほど、工数が10%程度減るのであれば現場から喜ばれますが、90%程度減るとデータサイエンティストは現場から恨まれるかもしれませんといいました。

以前、ある部署の業務をデータサイエンス技術で半自動化しようというプロジェクトがありました。専門性が高いといわれていたので、ちょっと仕事が楽になるぐらいだと思われていましたが、約80%の工数が削減することが分かりました。

「これはすごい」と思い、私は意気揚々とその事実をその企業の経営層に伝えたら、感謝されるどころか叱責されました。「俺に社員の80%の首を切らせるつもりか！」と。

私は、その部署の人の80％を減らせとは一言もいっていませんが、そのように受け止められました。

「人は人にしかできない業務に集中し品質を高めることに寄与すればいい」とか、「余剰人員は配置転換すればいい」とか、それっぽいことを口では言えますが、直面すると非常に難しいことが分かります。

「人は人にしかできない業務に集中し品質を高めることに寄与すればいい」ということを掘り下げて考え、では具体的に何をすればいいのか検討しましたが、明確な結論に至りませんでした。「余剰人員は配置転換すればいい」ということも検討しましたが、社員の年齢層が逆ピラミッド化しており、配置転換する余剰人員の多くが50代中心ということもあり、これから新しいスキルを身に付けてもらうにしても、色々と考えさせられることがありました。その仕事に残る50代の方は、「この人が定年でいなくなると大変なことになる」といわれるぐらいの「その道のプロ中のプロ」です。

このような問題は、データサイエンティストだけでは解決できません。会社や社会が一丸となって考え対処していく問題かもしれません。

4-5 求められているデータリテラシーのあるビジネスパーソン

ＡＩと表現すると近未来的な感じがして、まだまだ先の気がします。しかし、このように急激に減っている仕事は確実にあります。多くの仕事は完全にはなくならないかもしれませんが、その仕事に必要な人財の数は減少することでしょう。

一方で、データサイエンティストやＡＩ人財の不足が叫ばれています。他にも、ＩＣＴ（Information and Communication Technology ＝情報通信技術）系の人財不足なども起こっています。１００年前、２００年前、３００年前と、仕事の構成比が異なるように、時代によって必要な人財は異なります。データサイエンスがつくる未来では、求められる人財が今までと異なるということでしょう。

データサイエンスがつくる未来で求められているのは、ビジネスの世界では少なくともデータリテラシーのあるビジネスパーソンです。理系・文系は関係ありません。

ぜひデータリテラシーを身に付け、データエコノミーを創造し、あなた自身やあなたの会社、日本国、世界のよりよい未来に向けて、一緒に頑張っていきましょう。

おわりに

1989（平成元）年1月8日から約30年続いた平成は、2019年4月30日で終了し、「令和」の新時代が幕を開けました。残念ながら、平成元年にはなかった「底知れぬ閉塞感」が、日本社会に蔓延しているように私は感じます。経済的な成長を実感できないことが、閉塞感の大きな要因としてあげられるのではないでしょうか。

●平成の約30年間で、経済状況はどうなったでしょうか？

経済状況を端的に知る上で、最も分かりやすいのがGDP（国内総生産）です。1988年に388兆円だった日本の実質GDPは、2018（平成30）年に534兆円となり、30年間で約138％伸びました。CAGR（年平均成長率）で見てみると、107％と1年間で7％しか経済成長していないことが分かります。要するに、日本は伸び悩んでいるのです。

そのことを反映するかのように、世界時価総額ランキングの上位の顔ぶれが大きく変わりました。DIAMOND online（２０１８年8月20日）の「昭和という『レガシー』を引きずった平成30年間の経済停滞を振り返る」(https://diamond.jp/articles/-/177641/)という記事によると、世界時価総額ランキング上位50社中、日本企業は１９８９年に32社もありました。しかし、２０１８年になると1社のみとなり、上位に君臨しているのはＧＡＦＡです。個人情報をはじめとした様々なデータを収集し、上手く活用することで競争優位な状況を作り出し急成長した企業です。

●日本企業は、データを収集し上手く活用することが「苦手」なのでしょうか？

データサイエンスの一領域に、統計的品質管理（ＳＱＣ）というものがあります。日本の高度成長期、日本製品を世界最高品質に押し上げた大きな要因のひとつです。この統計的品質管理に貢献した民間の団体と個人に、デミング賞というものが贈られます。これまでにトヨタ自動車、日本電気、小松製作所、竹中工務店など日本を代表する企業がデミング大賞を受賞しています。データサイエンスには経済を飛躍させるパワーがあることを、日本人自らがすでに約40年前に世界に示しているのです。

●日本人に向いているのは、改善／変革のためのデータサイエンス

ＳＱＣから分かる通り、日本人に向いているのは「改善／変革のためのデータサイ

エンス」でしょう。現場の課題に対し、データを上手く活用することで、改善／変革を実現していくデータサイエンスです。正直、地味です。

しかし、冷静に考えてみると、GAFAが得意とする「データエコノミー系のデータサイエンス」も、実はデータを使い課題解決をしているのです。SQCとの大きな違いは、課題解決が自社内で閉じているのではなく、サービスに関わっている人や企業など社内外に波及し、ひとつの経済圏を作り上げていることです。要するに、「改善／変革のためのデータサイエンス」を社内に閉じることなく、自社外まで広げ実践すればいいだけです。

何にせよ、データサイエンスを推進する人財が必要であることには変わりません。

●鍵を握るのは普通のビジネスパーソン

SQCの成功は、生産の現場もしくは現場に近いところにQCサークルというものを作り、「現場をつなぐことのできるSQCがどういったものか理解している人財」と「SQC専門家」（SQCデータサイエンティスト）の協働を実現したことでしょう。そのためには、「現場をつなぐことのできるSQCがどういったものか理解している人財」と「SQC専門家」の育成が不可欠で、その点も上手くいったようです。

では、現在のデータサイエンスのビジネス実践はどうでしょうか。データサイエンティストの不足が叫ばれていますが、本当に足りないのは「ドメインをつなぐデータサイエンスを理解している『ビジネスパーソン』」だと、私は感じています。

幸いなことに、現場もしくは現場に近いところにいる普通のビジネスパーソンはたくさんいます。彼ら彼女らが、データリテラシーを身に付けることで、「ドメインをつなぐデータサイエンスを理解している『ビジネスパーソン』」になることができます。

ここ数年のデータサイエンス、ビッグデータ、ＡＩの諸ブームは、日本経済を飛躍させる絶好のタイミングです。私はあなたと一緒に、これらのブームを一過性のものとせず、日本社会に活力を与えればと強く思っています。日本社会の閉塞感に風穴を開け、わくわくする新時代「令和」を創造するチャンスです。

株式会社セールスアナリティクス代表取締役

高橋　威知郎

高橋威知郎（たかはし・いちろう）

（株）セールスアナリティクス代表取締役
データ分析・活用コンサルタント／中小企業診断士
内閣府（旧総理府）およびコンサルティングファーム、ソフトバンク・テクノロジー株式会社ストラテジック・パートナー本部シニア・コンサルタントなどを経て現職。官公庁時代から一貫してデータ分析業務に携わる。ビジネスデータを活用した事業戦略および営業戦略、マーケティング戦略、マーケティングROI（投下資本利益率）、LTV（顧客生涯価値）、統計モデルや機械学習などの数理モデル構築のコンサルティングを、組織の内外で行う。高騰するデータサイエンス系サービスに抵抗のある人や企業向けに、手軽かつ安価に「ビジネス貢献するデータ分析」を学び実務で活用できるよう、株式会社セールスアナリティクスを設立。大企業のみならず、中小企業やベンチャー企業、社長一人企業などのビジネスデータ分析とその利活用のコンサルティングや、ビジネス貢献するデータ分析者の育成支援、その学びの場の提供をしている。著書に、『最速で収益につなげる完全自動のデータ分析』（クロスメディア・パブリッシング）、『営業生産性を高める！「データ分析」の技術』（同文舘出版）など多数ある。

株式会社セールスアナリティクス
https://www.salesanalytics.co.jp/

文系のための　データサイエンスがわかる本

2019年 9 月26日　初版発行

著　者　高橋威知郎
発行者　野村直克
発行所　総合法令出版株式会社
〒103-0001　東京都中央区日本橋小伝馬町 15-18
ユニゾ小伝馬町ビル 9 階
電話　03-5623-5121
印刷・製本　中央精版印刷株式会社

落丁・乱丁本はお取替えいたします。

ISBN 978-4-86280-706-9
総合法令出版ホームページ　http://www.horei.com/